testez *votre* intelligence

nouvelle édition

Pierre Berloquin

testez votre intelligence

nouvelle édition

Le Livre de Poche

Sommaire

Tests

Solutions

QI Introduction

Les tests d'intelligence sont des produits précieux puisqu'ils cumulent les qualités et les usages : ils sont à la fois des outils, utilisés depuis un siècle pour situer les possibilités intellectuelles, et aussi de délicieuses énigmes pour les amateurs de casse-tête. Les deux usages se renforcent l'un l'autre. La pratique des casse-tête ne peut que développer les facultés de l'esprit. La perspective d'obtenir de meilleurs quotients intellectuels en situation d'embauche offre aux amateurs d'énigmes une rédemption de leur passe-temps, le transmutant en exercices de développement personnel.

L'invention des tests s'est faite peu à peu, au cours du XIXe siècle, mais la création réelle des tests d'intelligence que nous connaissons est due à Alfred Binet, avec son collaborateur Théodore Simon, au début du XXe siècle. Il serait juste d'ajouter à l'équipe les noms de Madeleine et Alice, les deux filles d'Alfred Binet. Passionnées de jeux de réflexion, elles ont été les premiers sujets des tests pen-

dant leur élaboration et c'est en interaction avec leurs réponses et leurs suggestions qu'ils ont atteint leur forme définitive.

Alfred Binet est né à Nice en 1857, d'une famille de médecins. Il souhaite faire des études de droit. Son grand-père, qui le met très jeune en présence d'un cadavre pour stimuler une vocation de médecin, n'obtient pas de résultat. Dès l'âge de 21 ans il est licencié en droit mais n'exerce pas, sa fortune personnelle ne rendant pas nécessaire l'exercice d'un métier. Son intérêt pour le droit est rapidement remplacé par un intérêt scientifique pour les comportements humains. Il se passionne pour la psychologie des sensations et des images. Il consacre son temps à consulter des ouvrages de psychologie à la Bibliothèque nationale et publie plusieurs articles dans La Revue philosophique, *à partir de 1880. En fait, il a beaucoup lu et peu expérimenté, à tel point que des détracteurs l'accusent de plagiat.*

Après 1884, à la faveur de son mariage avec Laure, fille d'Édouard-Gérard Balbiani, embryologiste au Collège de France, il se tourne plus sérieusement vers les sciences naturelles. La mesure de l'intelligence commence à l'intéresser. Dans une première approche, il suit la tradition qui vient de Platon et, au XIXe siècle, de Broca et des phrénologistes : l'intelligence est peut-être fonction de la taille et de la forme du crâne. Cette hypothèse prévalait depuis des siècles : puisque l'intelligence réside dans le cerveau, lui-même contenu dans le crâne, plus le crâne est vaste, plus l'intelligence doit l'être et la forme du crâne doit refléter la forme de l'intelligence. Quand Binet s'y intéresse, l'hypothèse commence déjà à être démentie par l'expérimentation. Il l'abandonne.

L'nfluence suivante est celle d'un ami du lycée Louis-le-Grand, qui connaît personnellement Jean-Martin Char-

cot. Binet va suivre les conférences du célèbre professeur sur l'hypnose à l'hôpital de la Salpêtrière. Le domaine était alors à la pointe de la recherche scientifique. Binet se passionne, il devient l'assistant de Charcot. Celui-ci avait une renommée internationale et les chercheurs du monde entier venaient assister à ses cours. Binet a donc sans doute rencontré Sigmund Freud en 1886 lors de son passage à la Salpêtrière. L'enthousiasme de Binet le mène trop loin. Défendant sans réserve un point douteux des théories de Charcot, il est mis devant l'évidence de son erreur. Vexé, il abandonne sa collaboration.

Mais c'est une rencontre fortuite qui va déterminer sa véritable vocation. Sur un quai de gare, en 1891, il fait la connaissance du docteur Henri Beaunis, directeur du laboratoire de psychologie physiologique à la Sorbonne. Ils engagent sur-le-champ une discussion passionnée. Beaunis émet le souhait d'avoir un assistant mais n'a pas le budget nécessaire. Binet se propose sans exiger de rémunération. Il est accepté.
L'année suivante, il est non seulement officiellement nommé assistant de Beaunis, mais reçoit à la Sorbonne le titre de docteur ès sciences pour une dissertation remarquable sur la relation entre la physiologie et le comportement chez les insectes.

En 1895, Binet fonde avec Beaunis le premier journal français de psychologie, puis succède à Beaunis à la tête du laboratoire.

En 1900, Binet commence à se tourner vers la psychologie de l'enfant. En 1903, il publie L'Étude expérimentale de l'intelligence, *ouvrage essentiellement fondé sur les travaux menés sur ses filles. Alice et Madeleine avaient en effet des personnalités tellement divergentes qu'elles étaient ensemble d'excellents sujets d'étude sur les relations entre le comportement et l'intelligence.*

En 1904, une commission ministérielle de l'Éducation nationale demande à Binet d'étudier les enfants en retard scolaire et d'élaborer des tests permettant d'évaluer les possibilités de leur éducation. Binet ouvre en 1905 un laboratoire d'étude et d'enseignement expérimental. Il imagine des séries de tests, composés de tâches élémentaires et quotidiennes. En 1908, il aboutit à sa grande innovation : le concept d'âge mental d'un individu, comme référence de son développement. Dès lors, les tests auront pour étalon l'âge mental théorique.

Binet n'était pas le premier à proposer des tests d'intelligence, mais il va plus loin que son prédécesseur, le chercheur anglais Francis Galton. Celui-ci, bien que cousin de Charles Darwin, auteur de la théorie de l'évolution des espèces, n'avait envisagé que de tester la "classification des hommes selon leurs dons naturels" d'une manière statique, de l'idiot au génie, sans évoquer la dynamique du développement selon l'âge mental. Galton s'intéressait au développement humain sur un autre plan, celui de l' "eugénisme". Cette discipline, qu'il avait créée, posait le problème général de l'amélioration de la race humaine.

Se démarquant des tests qui avaient précédé les siens, Binet introduit de véritables problèmes, qui vont au-delà des simples questions sur le savoir des sujets. Il fait appel au fonctionnement réel de l'intelligence, par des mécanismes de déduction et d'induction.

Le succès des tests de Binet est rapidement international. Premier couronnement malheureusement posthume, puisqu'il est décédé depuis 1911 : l'armée américaine, pour préparer son entrée dans la guerre de 14-18, fait passer plus de 1 700 000 tests de Q.I. à ses recrues.

Un demi-siècle plus tard, les tests sont devenus une activité à part entière, qui va du loisir à l'utile. En 1971, puis en 1975, à l'initiative de Jean Zurfluh, pour contribuer à son monumental ouvrage Les tests mentaux *(Jean-Pierre Delarge, Paris, 1976), la S.O.F.R.E.S. réalise un sondage sur les tests psychotechniques auprès d'un échantillon de 2 344 hommes et femmes de 15 ans et plus, représentatifs de la population française. Les réponses à la question de l'attitude envers les tests les situent clairement dans notre culture.*

1. Les tests constituent une intrusion intolérable dans la personnalité des individus et je refuse de m'y soumettre le cas échéant 4 %
2. Je n'apprécie pas beaucoup les tests mais je ne refuse pas de m'y soumettre le cas échéant 35 %
3. Les tests sont plutôt intéressants et j'accepte de m'y soumettre le cas échéant 28 %
4. Les tests sont particulièrement intéressants et le cas échéant j'accepte volontiers de m'y soumettre car ils sont pour moi une occasion de mieux me connaître 25 %
5. Les tests sont vraiment passionnants et je ne manque jamais l'occasion de passer un test pour mieux connaître mes capacités et ma personnalité 7 %

Un trait caractéristique de notre époque est l'ambivalence de l'adjectif «génial», qui s'emploie indifférement pour qualifier un prix Nobel du niveau d'Albert Einstein, ou pour exprimer une sympathie spontanée pour un objet, un événement ou une personne simplement agréables. Les tests de Q.I. épousent parfaitement cette ambivalence. Ils sont aussi bien des outils professionnels pour situer l'intelligence et le potentiel d'une personne, que des passe-temps que l'on entreprend pour le plaisir, sans état d'âme particulier. A vous donc de jouer les deux faces des Q.I.

Comment tester votre intelligence

Pour chaque test, donnez-vous une demi-heure de réflexion sur l'ensemble des 40 questions. Soyez sévère avec vous-même : à la fin des 30 minutes, posez votre crayon et passez à la vérification de vos résultats.

Surtout ne vous attardez pas sur une question dont vous ne trouvez pas la réponse. Il y a 40 questions et votre Q.I. ne sera calculé que sur le nombre total de bonnes réponses, que les questions soient faciles ou difficiles. Choisissez les questions qui vous paraissent faciles et correspondent donc à votre forme personnelle d'intelligence.

Rien ne vous oblige à résoudre les questions dans l'ordre. Quand vous êtes dans le test, vous pouvez le parcourir dans tous les sens et vous débarrasser des questions les plus faciles pour vos talents. En revanche, certains types de questions suivent une même logique en l'appliquant d'une manière de plus en plus délicate. Aussi, si vous séchez sur une question vers la fin du test, vous pouvez avoir intérêt à revenir en arrière pour réfléchir quelques secondes sur une question qui lui ressemble et peut vous donner un indice précieux.

test de QI n°1

1

Quel nombre manque ?

2 7 12 . 22 27

2

Quelle lettre manque ?

J K L . N O

3

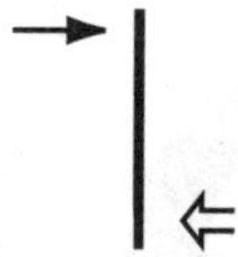

Cette figure a été retournée recto verso, puis tournée. Quelle figure en est le résultat : A, B, C ou D ?

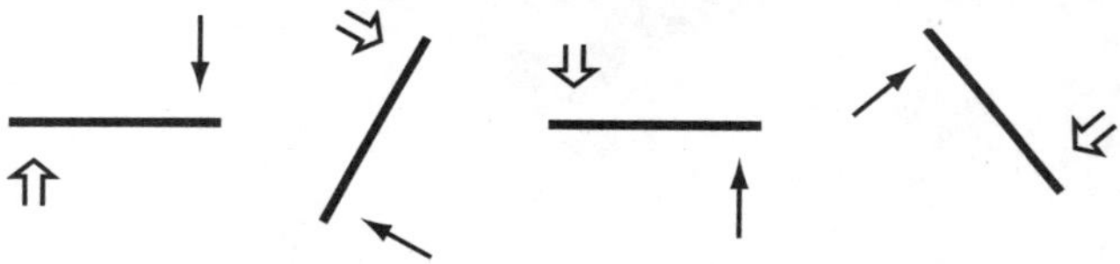

A **B** **C** **D**

4

DÉFENSE

DISCOURS

DÉCISION

INTERDICTION

MANŒUVRE

Parmi ces cinq mots, deux ont un sens proche. Soulignez-les.

5

2 5 15 18 54 57 171 ...

Quel nombre poursuit la série ?

6

C est à E
ce que L est à …

7

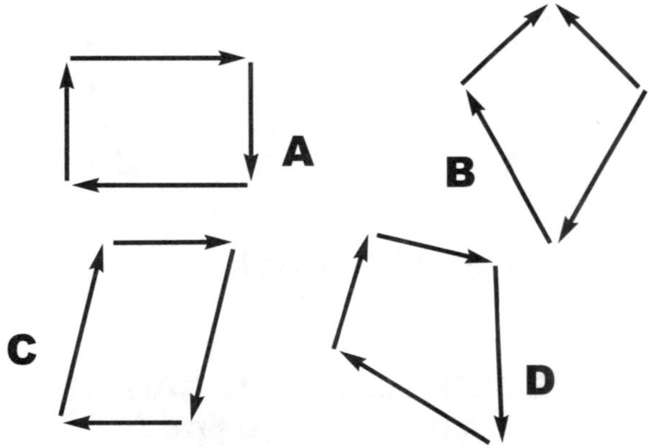

Quelle figure diffère des trois autres ?

8

Changez de place deux cercles pour que chaque rayon devienne un mot.

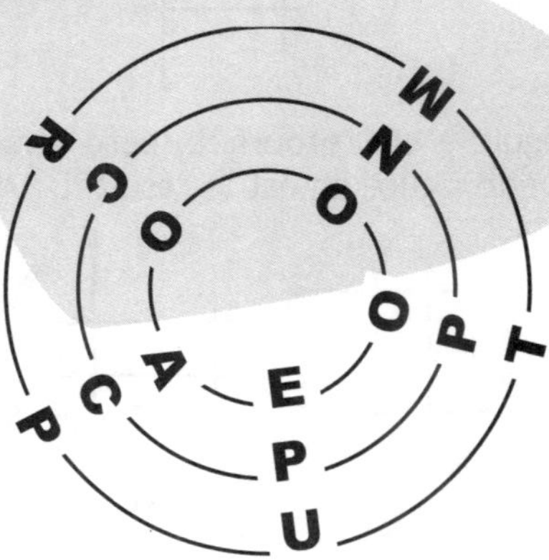

9

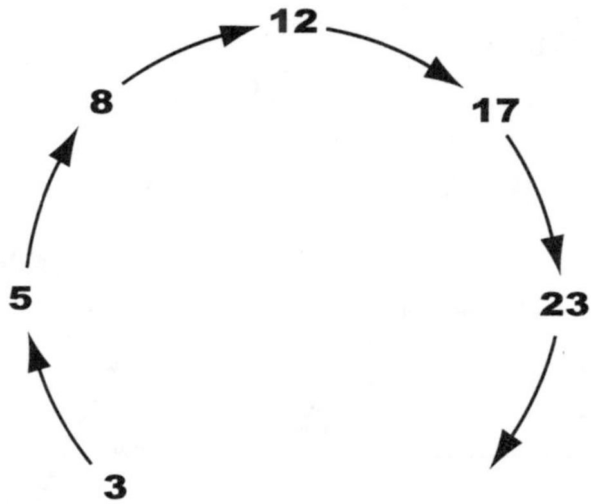

À quel nombre aboutit ce cercle ?

10

BORD ALLÉE RUBAN
LISIÈRE SCEPTRE

Parmi ces cinq mots, deux ont un sens proche.
Soulignez-les.

11

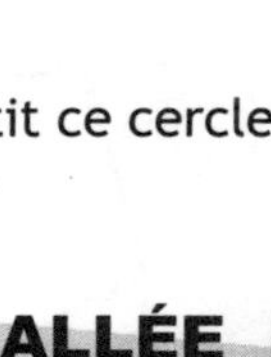

Cette figure a été retournée recto verso, puis tournée. Quelle figure en est le résultat : A, B, C ou D ?

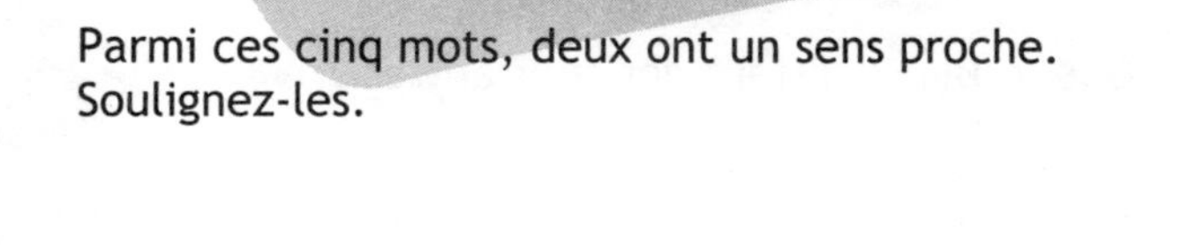

A **B** **C** **D**

Supprimez un cercle pour que chaque rayon devienne un mot.

12

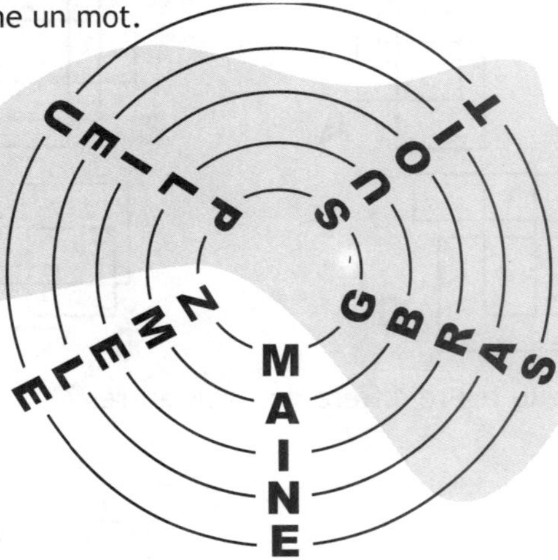

13

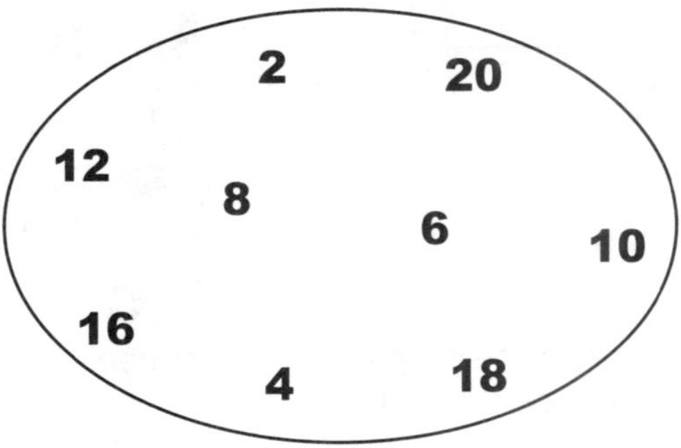

Quel nombre manque ?

14

L K M J N .

Quelle lettre manque ?

15

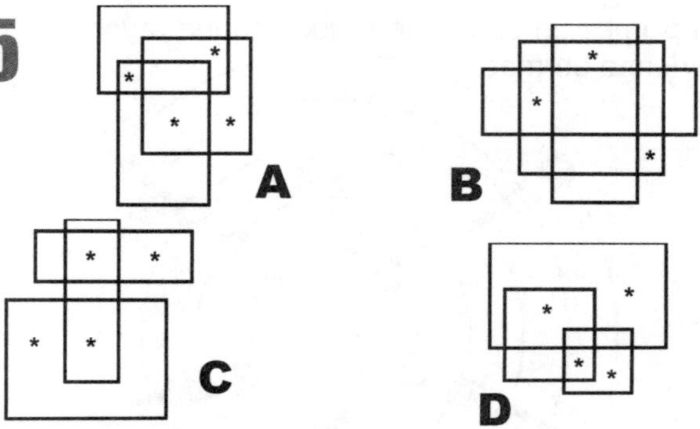

Quelle figure diffère des trois autres ?

16

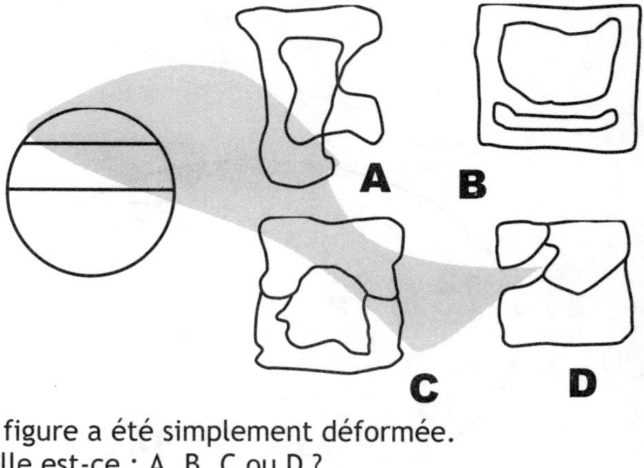

Cette figure a été simplement déformée.
Laquelle est-ce : A, B, C ou D ?

17

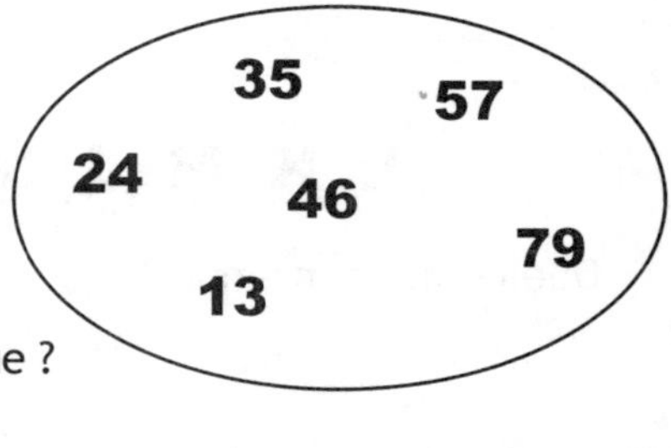

Quel nombre manque ?

18

Quel nombre manque ?

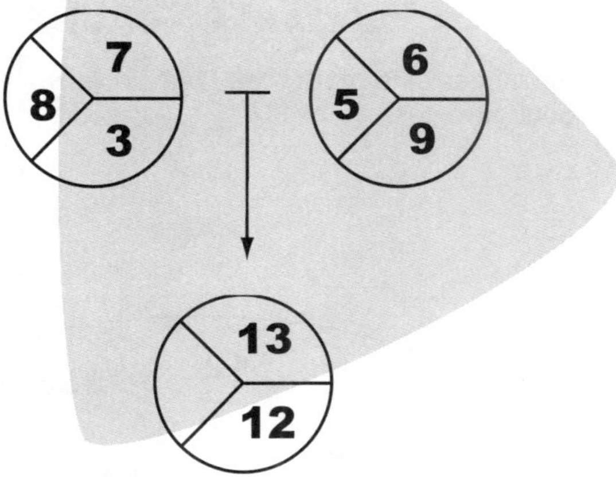

19

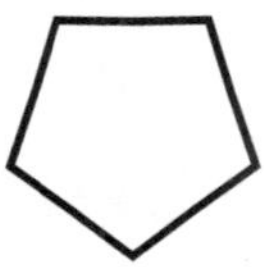 est à 

ce que  est à…

A

B

C

20

AFFLIGÉ TROMPÉ AGITÉ
ACCABLÉ CACHÉ

Parmi ces cinq mots, deux ont un sens proche.
Soulignez-les.

21

512 **388**
15 **427** **19**
13
636
8

Ces nombres vont par couples.
Lequel va avec 388 ?

22

A R I E
A C R P E
O V U T E
E R Q U I N
E M R O U

Chaque ligne cache le nom d'un poisson dont l'ordre des lettres a été bouleversé de la même manière. Une ligne fait exception. Laquelle ?

23

2 3 6 9 36 41 246 ...

Quel nombre poursuit la série ?

24

O A F est à **P B G**
ce que **S E L** est à ...

25

 est à 

ce que  est à...

A

B

C

26

I R T B E
I P P A S
T U L F E
A C R Y E
O P L B M

Quelle ligne cache le nom d'un instrument de musique, dont l'ordre des lettres a été bouleversé ?

27

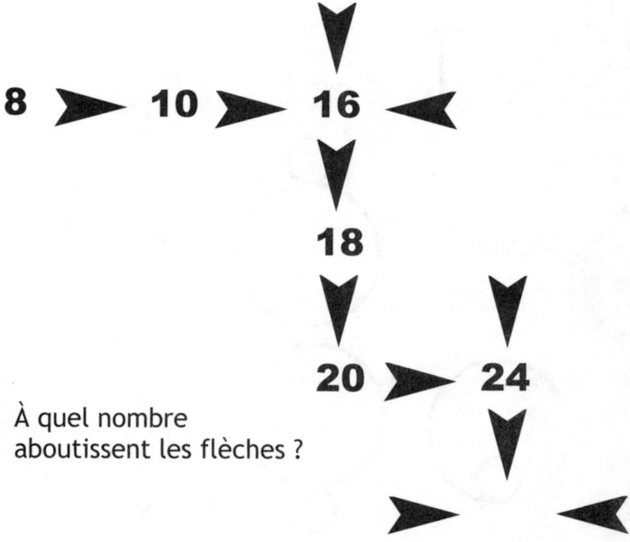

À quel nombre aboutissent les flèches ?

28

ON A RÉFUTÉ LA PREUVE DE LA NÉGATION DE LA CERTITUDE QUE LES CHATS NE S'ABSTIENNENT PAS DE MANIFESTER DE LA RÉPUGNANCE POUR LES CHIENS.

Quelle phrase se rapproche le plus de la précédente ?

A. Les chats apprécient les chiens.
B. Les chats n'apprécient pas les chiens.

29

Quelle figure poursuit la série : A, B ou C ?

A **B** **C**

30

Q U I A N N E
F D U A E S S
S U B I A R C
O I M N A U E

Quelle ligne cache le nom d'un oiseau, dont l'ordre des lettres a été bouleversé ?

31

Cette figure a été retournée recto verso, puis tournée. Quelle figure en est le résultat : A, B, C ou D ?

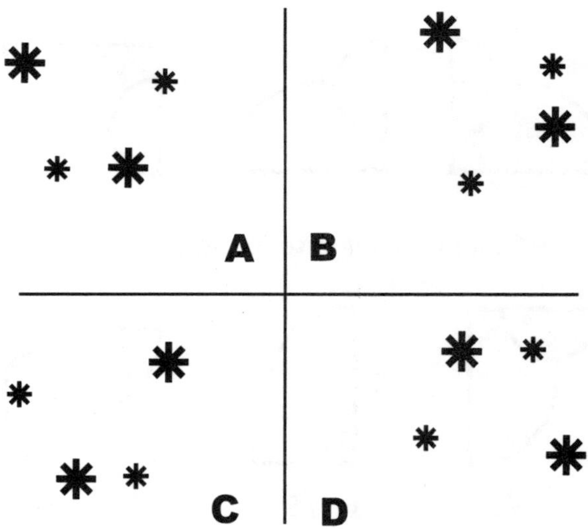

32

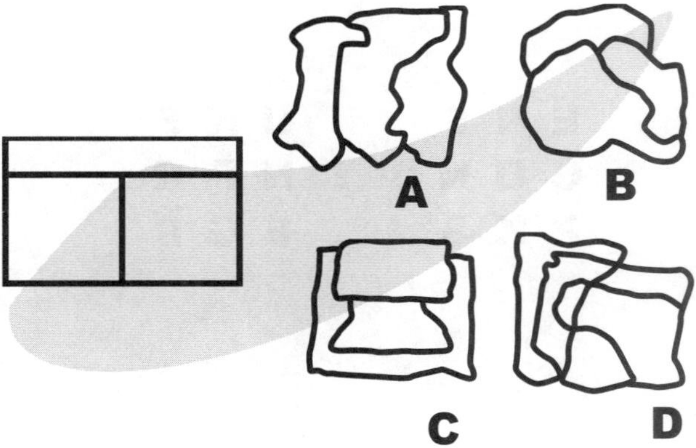

Cette figure a été simplement déformée.
Quelle figure en est le résultat : A, B, C ou D ?

33

Quel nombre vient dans
l'hexagone vide ?

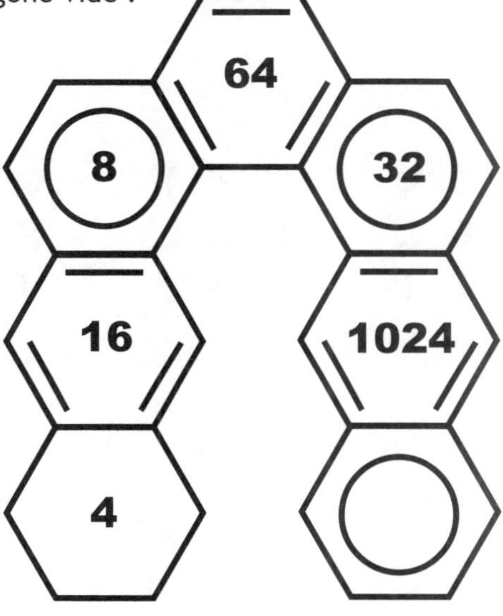

34

E R F		**U K S**
G U N	est à	**N F R**
P K S		**E G P**

	B L O	
ce que	**F G P**	est à
	I T V	

G T V	**G T I**	**G L B**
P O L	**F B L**	**F I T**
B F I	**O P V**	**V P O**

35

est à

ce que

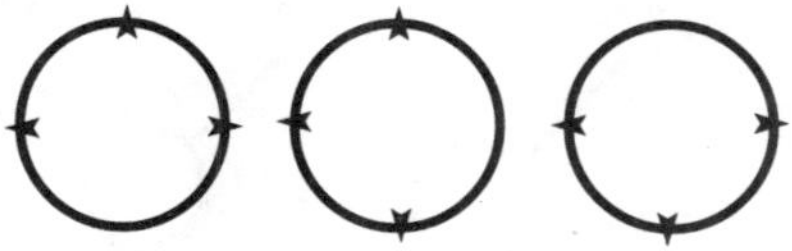

est à

A **B** **C**

36

PATRICK EST MARIN.
TOUS LES MARINS SONT TATOUÉS.

Supposant ce qui précède, quelle affirmation est certainement vraie ?

A. Patrick envisage de se faire tatouer.
B. Les tatouages de Patrick sont pittoresques.
C. Il est faux d'affirmer que Patrick n'est pas tatoué.
D. Patrick ne montre jamais ses tatouages.

37

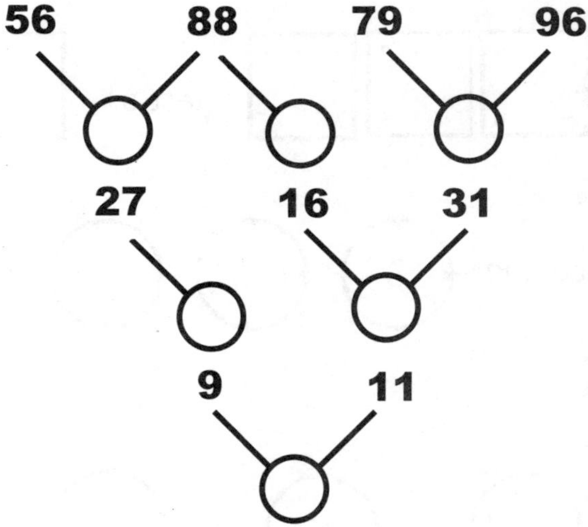

Quel nombre vient sous ce réseau ?

38

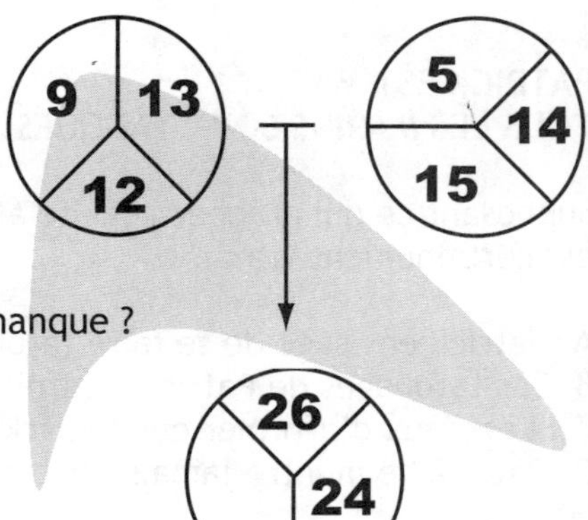

Quel nombre manque ?

39

Cette figure a été retournée recto verso,
puis tournée. Quelle figure en est le résultat :
A, B, C ou D ?

A

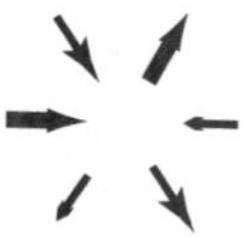

B

C

D

40

MOTEUR → TER
GARANT → RAT
REMUER → MER
CRUCHE → URE

Quelle ligne est différente des trois autres ?

test de QI n°2

1

Quel nombre manque ?

7 8 . 13 17

2

Quelle lettre manque ?

M K I . E

3

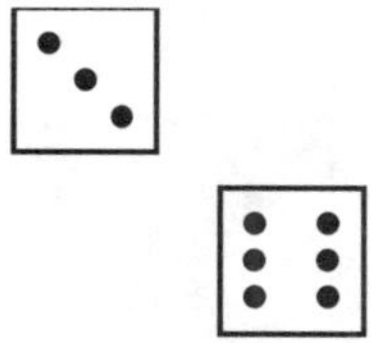

Cette figure a été retournée recto verso, puis tournée. Quelle figure en est le résultat : A, B, C ou D ?

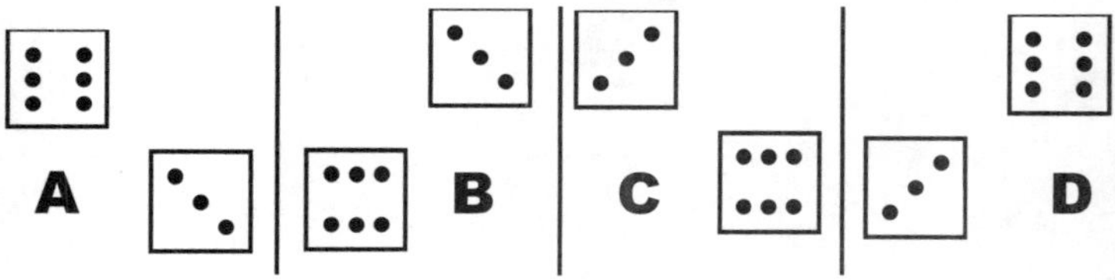

4

ÉCHAPPEMENT → PENE
UNIFORMISER → RUES
ANABAPTISTE → PÂTÉ
ANALPHABÈTE → HÂTE

Quelle ligne est différente des trois autres ?

5

E 4 C 2 H 7 A . G 6

Quel nombre manque ?

C est à X
ce que G est à ...

6

7

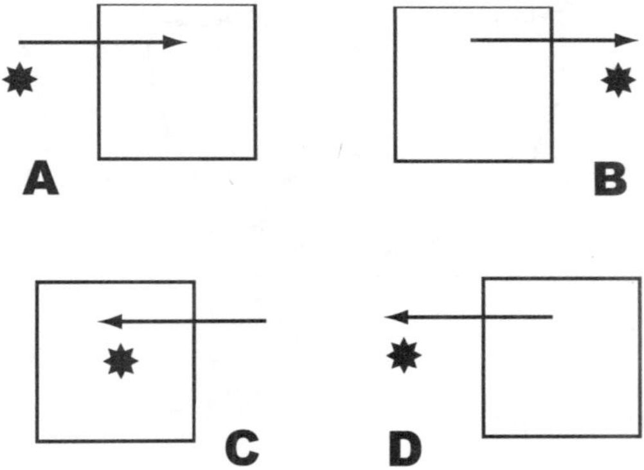

Quelle figure diffère des trois autres ?

8

Quel cercle doit-on supprimer pour que chaque rayon devienne un mot ?

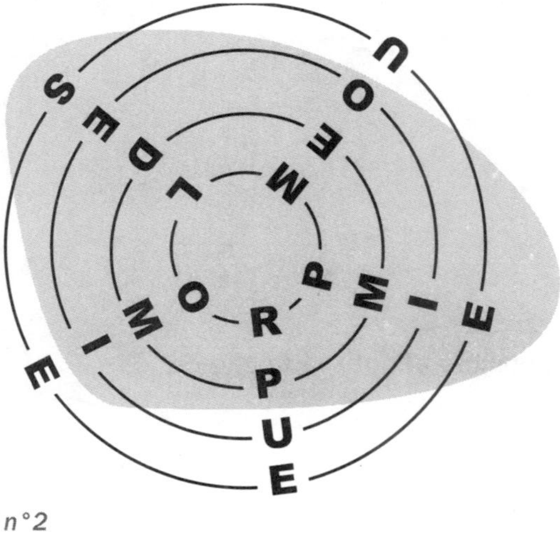

9

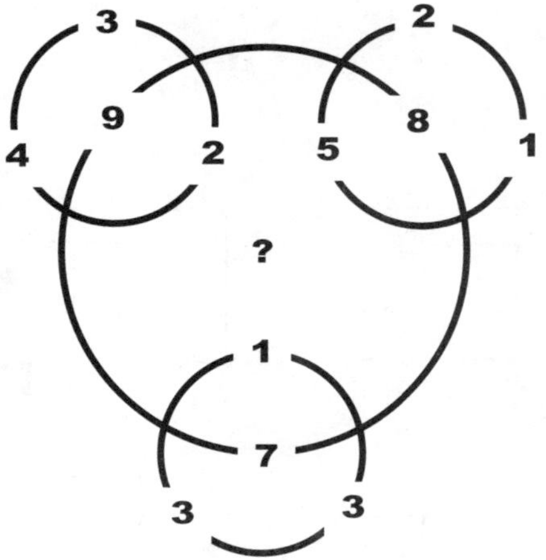

Quel nombre manque ?

10

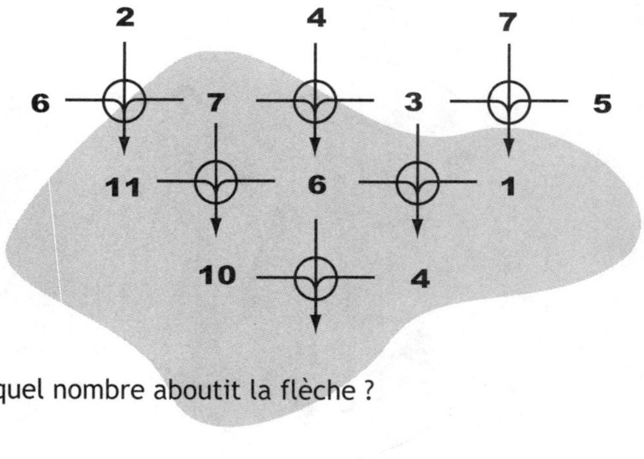

À quel nombre aboutit la flèche ?

11

Cette figure a été retournée recto verso, puis tournée. Quelle figure en est le résultat : A, B, C ou D ?

A **B** **C** **D**

12

Changez de place deux cercles pour que chaque rayon devienne un mot.

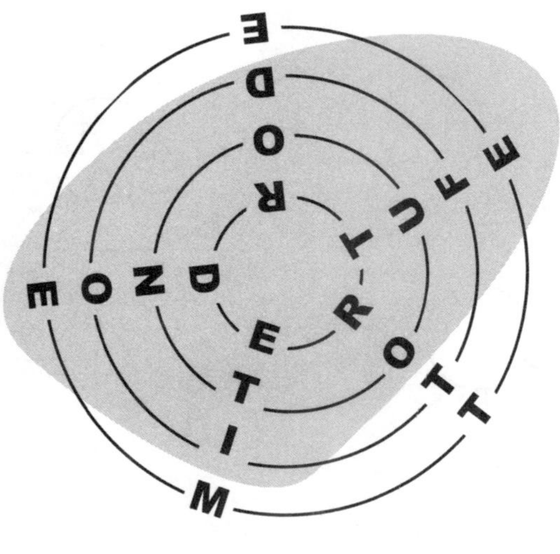

13

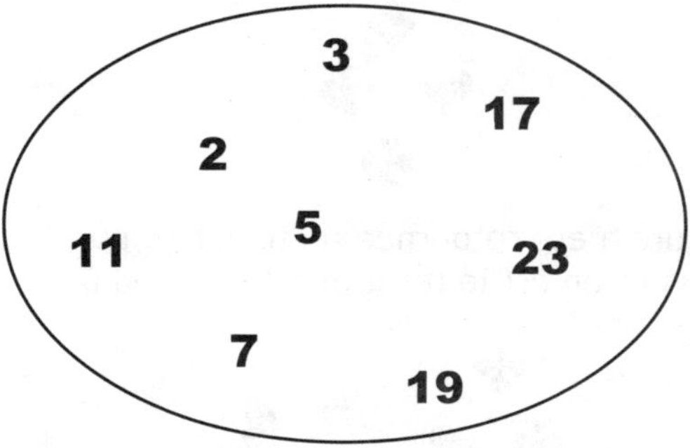

Quel nombre manque ?

14

Z D H . T

Quelle lettre manque ?

15

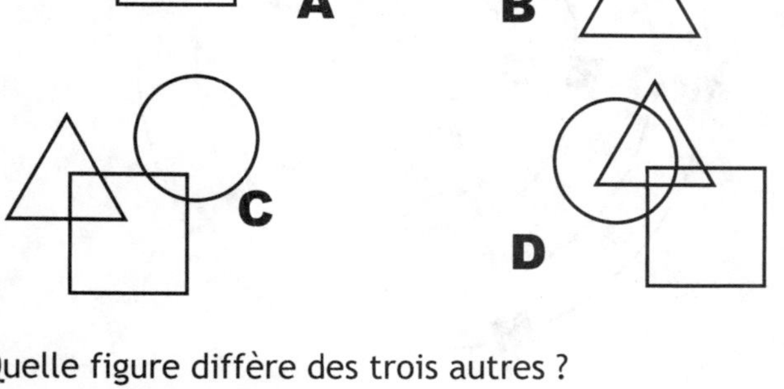

Quelle figure diffère des trois autres ?

16

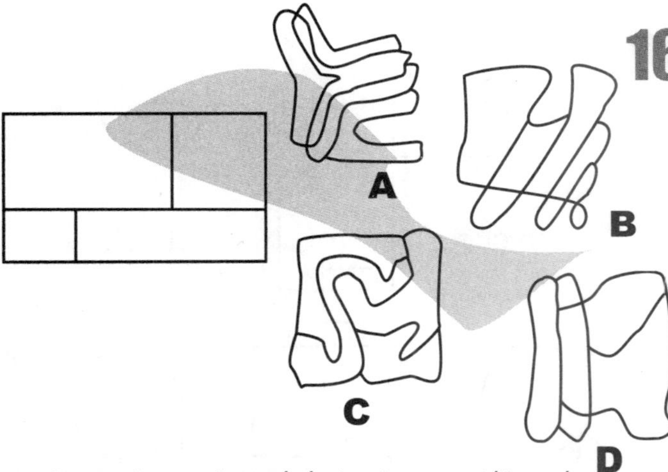

La figure de gauche a été simplement déformée.
Quelle figure en est le résultat : A, B, C ou D ?

17

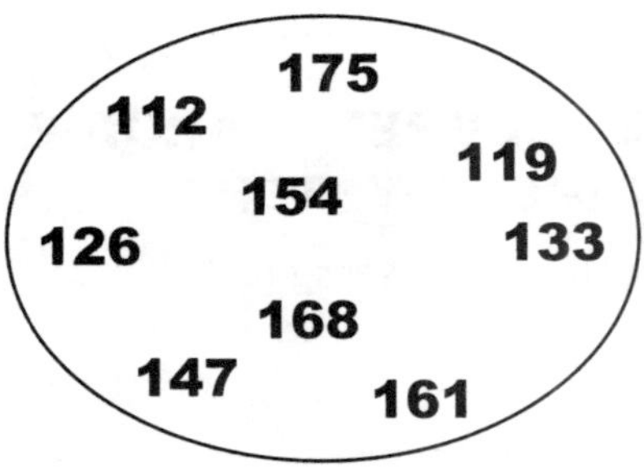

Quel nombre manque ?

18

U D . H M L

Quelle lettre manque ?

19

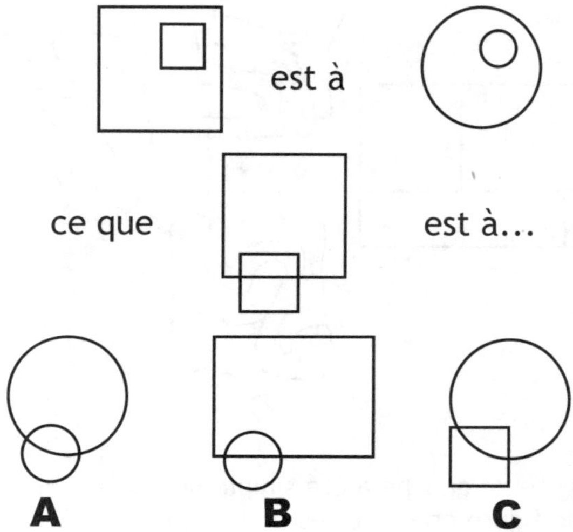

20

PROLOGUE SECRET PARODIE
HISTOIRE MYSTÈRE

Parmi ces cinq mots, deux ont un sens proche.
Soulignez-les.

21

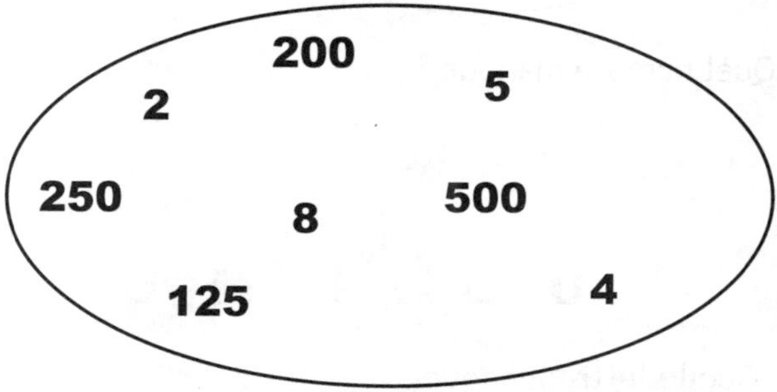

Ces nombres vont par couples.
Lequel va avec 125 ?

22

T E N I A
H P P S O R O H E
L A I M U U I N M
E F R
O B H C U E

Chaque ligne contient le nom d'un métal, dont l'ordre des lettres a été bouleversé de la même manière. Une ligne fait exception. Laquelle ?

23

2 9 20 33 50 ...

Quel nombre poursuit la série ?

24

CD est à GH
ce que KL est à ...

25

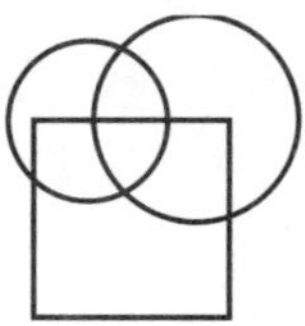

est à

ce que

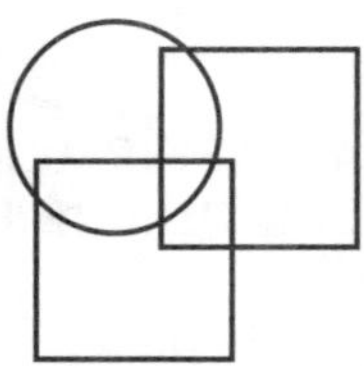

est à...

A

B

C

26

U O T S E R I B
R M E U S L D A A
T I O B E
O N V E G R E
D N A M L A A

Quelle ligne cache le nom d'un pays d'Europe, dont l'ordre des lettres a été bouleversé ?

27

Quel nombre va dans l'hexagone vide ?

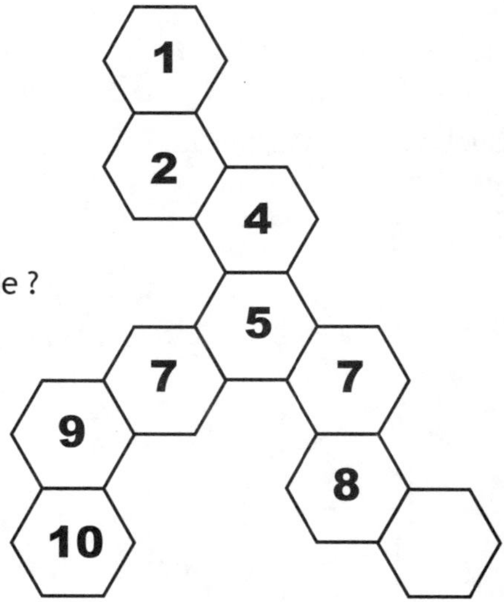

28

JE DÉSAVOUE NE PAS AFFIRMER QUE JE PRÉTENDS NE PAS AVANCER QUE JE LE HAIS.

Quelle phrase se rapproche le plus de la précédente ?

A. Je le hais.
B. Je ne le hais pas.

29

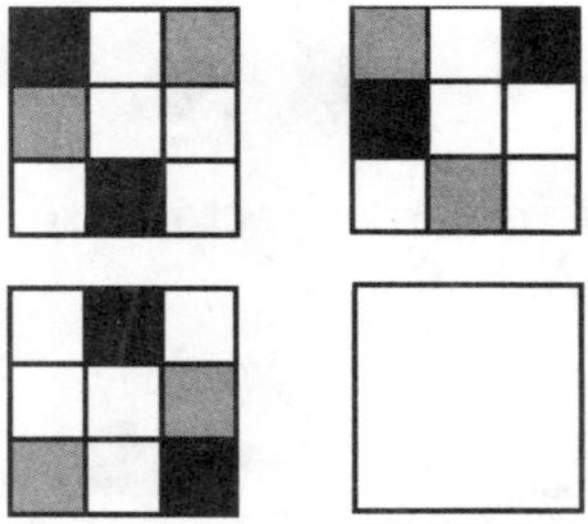

Quelle figure en quatrième position ?

A **B** **C**

30

P	**O**	**N**	**L**	**E**	**S**
R	**F**	**I**	**A**	**S**	**E**
U	**R**	**M**	**E**	**T**	**V**
S	**L**	**E**	**I**	**O**	**T**

Quelle ligne cache le nom d'un fruit,
dont l'ordre des lettres a été bouleversé ?

31

Cette figure a été retournée recto verso, puis tournée.
Laquelle est-ce : A, B, C ou D ?

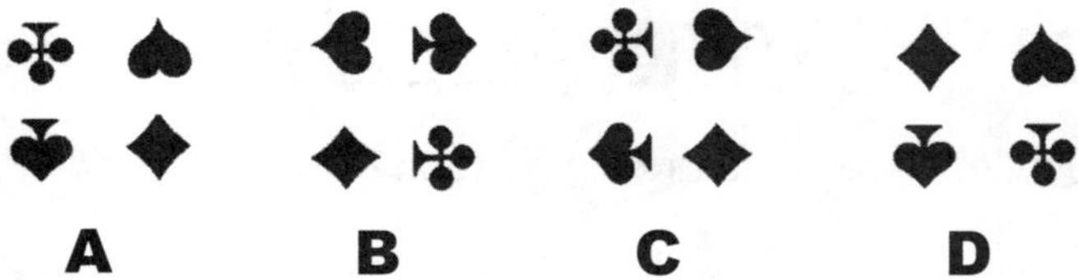

32

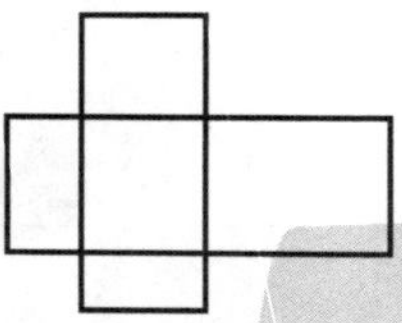

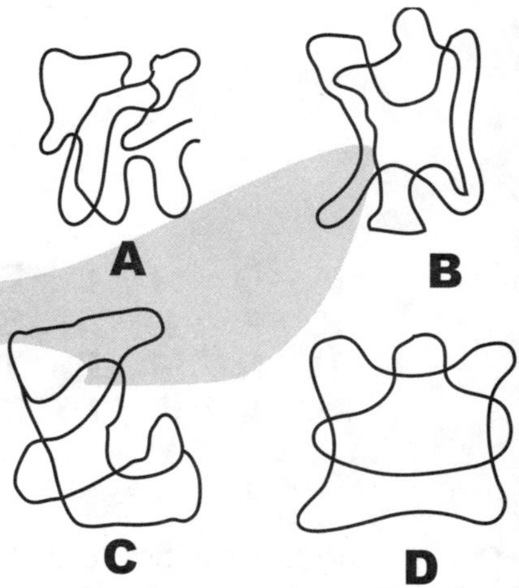

La figure de gauche a été simplement déformée.
Quelle figure en est le résultat : A, B, C ou D ?

33

SACCAGES → **SAC**
NITOUCHE → **TOC**
MEMBRURE → **MER**
ARRANGÉE → **ARE**
INONDÉE → **NE**

Quelle ligne est différente des quatre autres ?

34

G I K est à **M E**
ce que **P R T** est à ...

35

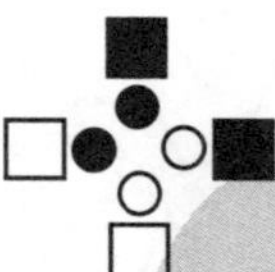 est à 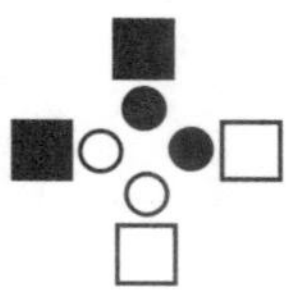

ce que 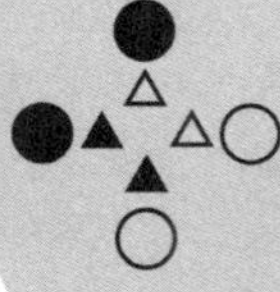 est à...

A

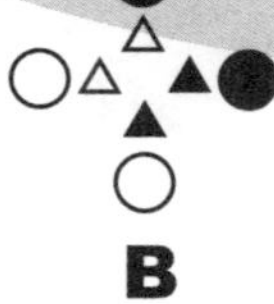

B

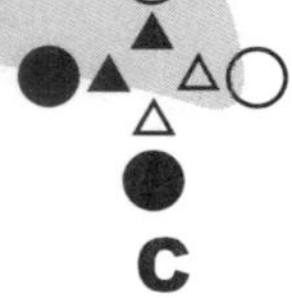

C

36

**LES INNOCENTS SONT SANS MALICE.
LA RUSE IMPLIQUE LA MALICE.
LES IRRESPONSABLES SONT INNOCENTS.**

Quelle phrase contredit ce qui précède ?

A. Quelques irresponsables sont sans malice.
B. Certains irresponsables ne sont pas sans ruse.
C. Certains innocents ne sont pas rusés.
D. On peut être rusé sans être innocent.

37

Quel nombre manque en bas à droite ?

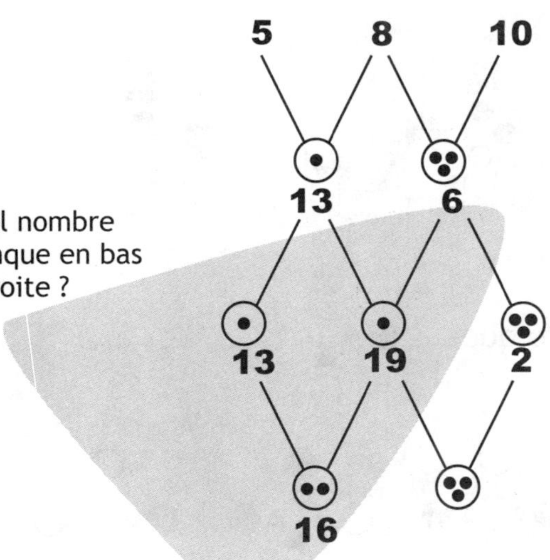

38

TIMOTHÉE PORTE UNE VESTE VERTE.

Supposant ce qui précède, laquelle de ces quatre affirmations est certainement vraie ?

A. Timothée adore porter du vert.
B. Timothée n'a plus froid.
C. Timothée a parfois du vert dans ses vêtements.
D. Il existe une personne, ne portant pas de veste verte et ne s'appelant pas Timothée.

39

MUSIQUE ⟶ **USE**
ROULADE ⟶ **DUE**
VERSOIR ⟶ **IRE**
CARDAGE ⟶ **GRE**

Quelle ligne est différente des trois autres ?

40

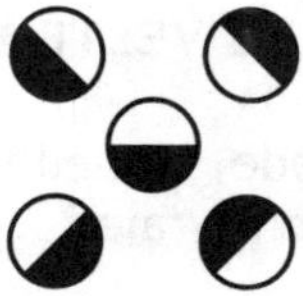

Cette figure a été retournée recto verso, puis tournée.
Quelle figure en est le résultat : A, B, C ou D ?

A

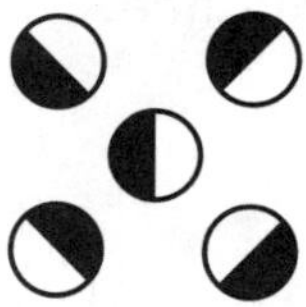

B

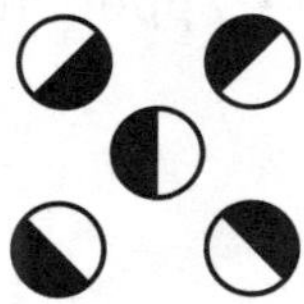

C

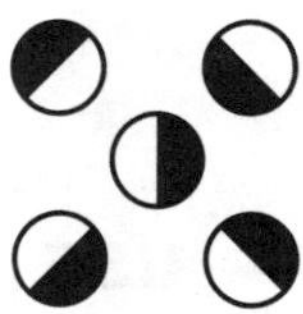

D

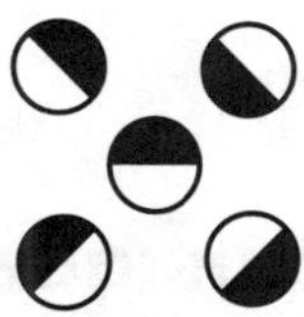

test de QI n°3

1

Quelle lettre manque ?

B . H K N Q

2

Quel nombre manque ?

60 30 . 14 12

3

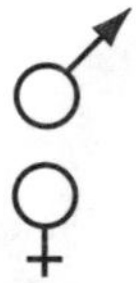

Cette figure a été retournée recto verso, puis tournée. Quelle figure en est le résultat : A, B, C ou D ?

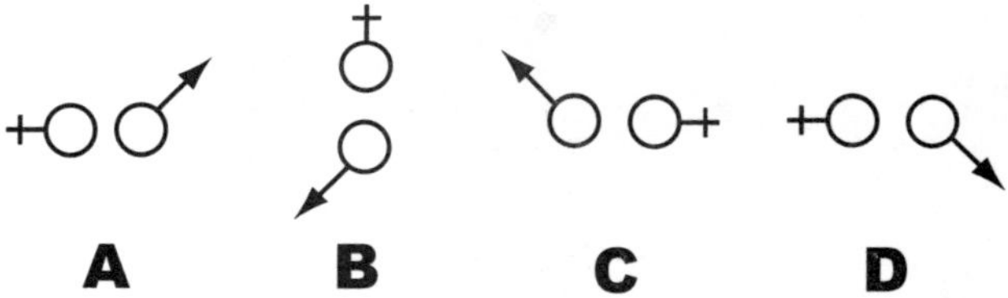

4

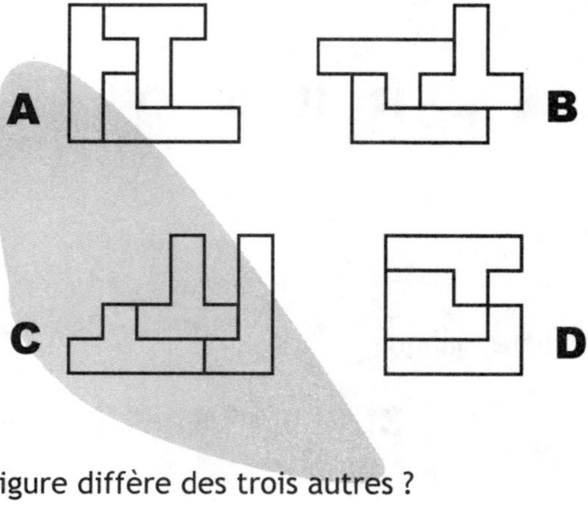

Quelle figure diffère des trois autres ?

5

16	19
23	27

24	25
21	17

↓

48	33
51	

Quel nombre manque ?

6

	A	**B**	**C**		**B**	**C**	**A**
	D	**E**	**F**	est à	**F**	**D**	**E**
	G	**H**	**I**		**H**	**I**	**G**
	5	**3**	**8**		.	.	.
ce que	**4**	**2**	**9**	est à	.	.	.
	1	**7**	**6**		.	.	.

7

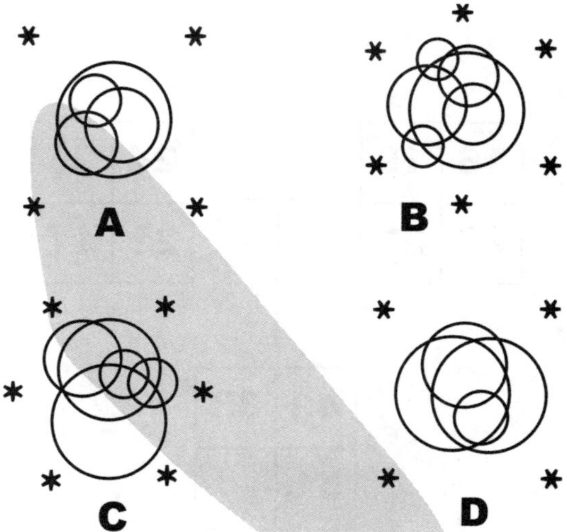

Quelle figure diffère des trois autres ?

8

Quel rayon doit-on supprimer pour que sur chaque cercle s'inscrive un mot ?

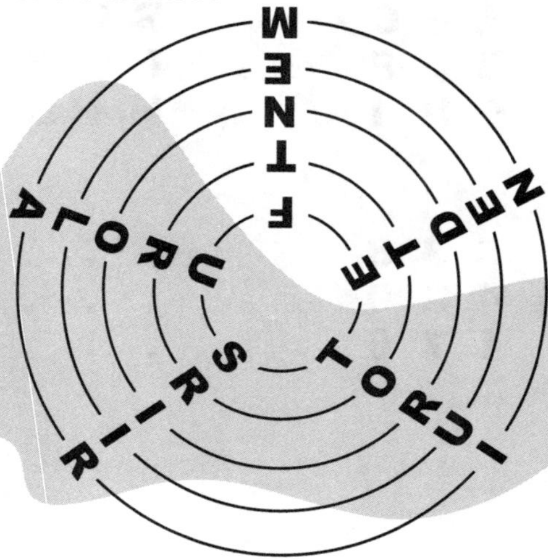

9

Quel nombre vient sous le dernier dé ?

10

BÉVUE INTERVENTION

RÉPONSE IMPAIR QUESTION

Soulignez les deux mots dont le sens est proche.

11

Cette figure a été retournée recto verso, puis tournée.
Quelle figure en est le résultat : A, B, C ou D ?

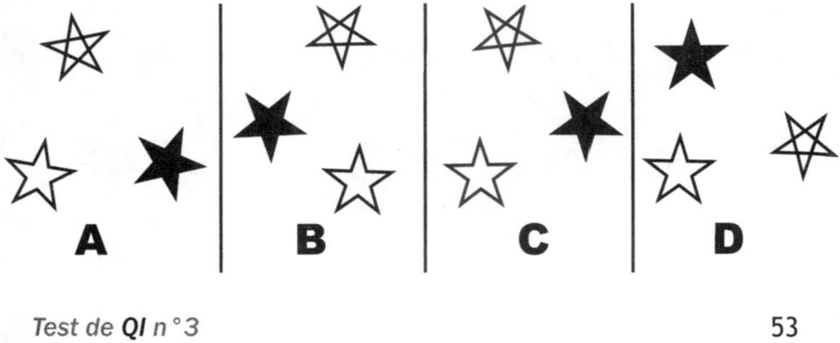

12 Changez de place deux cercles pour que chaque rayon devienne un mot.

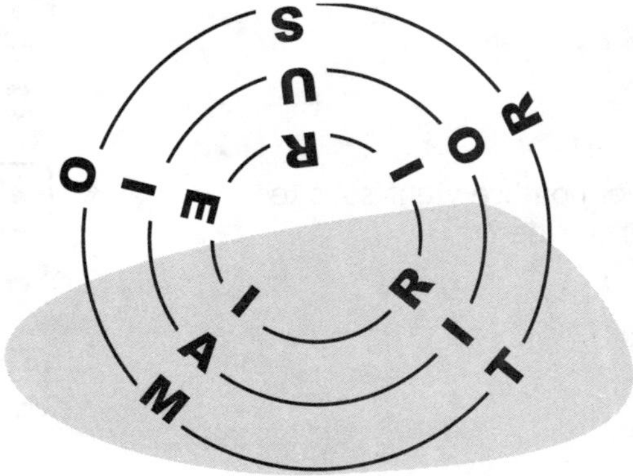

13

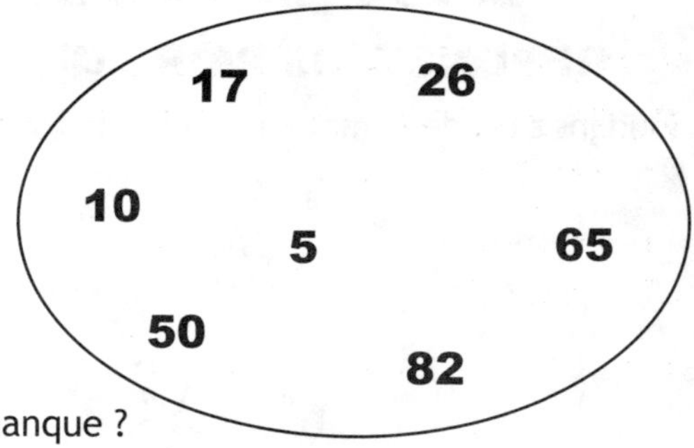

Quel nombre manque ?

14 Quelle lettre manque ?

B V P J D .

15

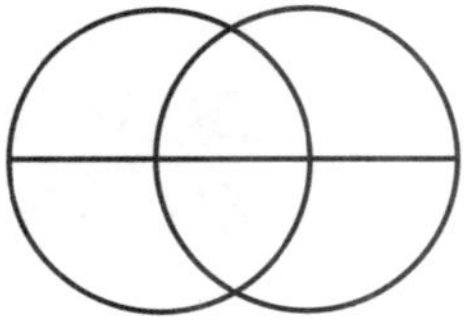

La figure ci-dessus a été déformée.
Quelle figure en est le résultat : A, B, C ou D ?

A **B** **C** **D**

16

MUSELER ⟶ INSPIRATRICE
BLESSER ⟶ CÉRÉALES
ÉCHOPPE ⟶ RÉPÉTITION
INDEXER ⟶ SURPLIS
MONTRER ⟶ ÉMINENCE

Quelle ligne est différente des quatre autres ?

17

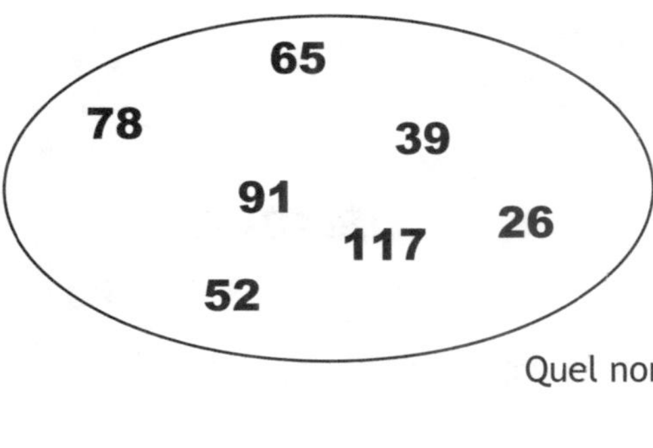

Quel nombre manque ?

18

DGJ est à MPS
ce que EHK est à …

19

28	**32**
31	**29**

57	**53**
59	**55**

↓

24	**24**
	31

Quel nombre manque ?

20

SÉMILLANT
AUTONOME
VIF
DÉLIBÉRÉ
ACCEPTÉ

Parmi ces cinq mots, deux ont un sens proche.
Soulignez-les.

21

12 39 82

47 88 23

77

18 53

61

Ces nombres vont par couples. Lequel va avec 18 ?

22

N I V

E M U R B

E R D I C

U A E

T I A L

Chaque ligne contient le nom d'une boisson dont l'ordre des lettres a été bouleversé de la même manière. Une ligne fait exception. Laquelle ?

23

Mille **5** Cent un **6** Quarante-trois **13**
Trente ...

Quel nombre poursuit la série ?

24

DFH est à HLP

ce que EBI est à ...

25

est à

ce que

est à…

A

B

C

26

G E I L R L S
A H M A C U E
O U T B E I L
F A E N T N E
A C U I L E C

Quelle ligne cache le nom d'un mammifère dont l'ordre des lettres a été bouleversé ?

27

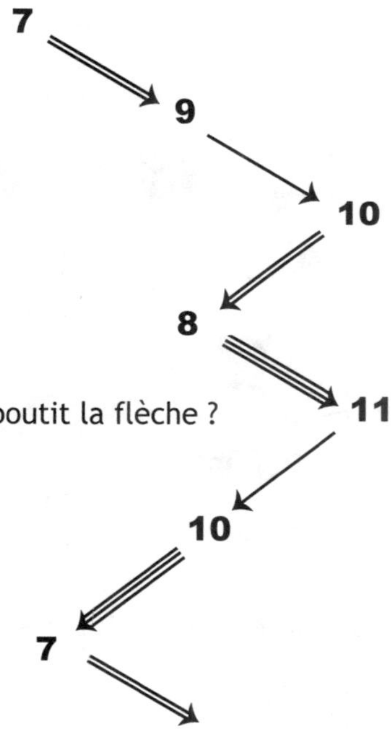

À quel nombre aboutit la flèche ?

28

IL EST ABSURDE DE CONTESTER QU'IL EST FAUX DE DISCONVENIR QUE CETTE FLEUR EST BLEUE.

Quelle phrase se rapproche le plus de la précédente ?

A. Cette fleur est bleue.
B. Cette fleur n'est pas bleue.

29

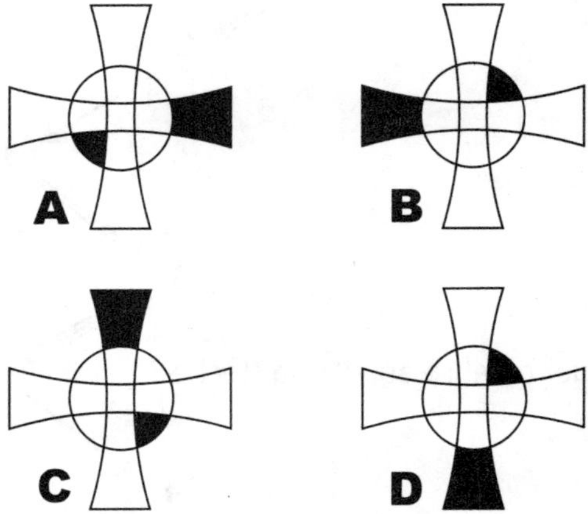

Quelle figure diffère des trois autres ?

30

N M O M I A E
T I B L A M E
S O I B L N E N
N O R U F E C L
A T D E R R

Quelle ligne cache le nom d'une capitale européenne, dont l'ordre des lettres a été bouleversé ?

31

Cette figure a été retournée recto verso, puis tournée.
Quelle figure en est le résultat : A, B, C ou D ?

A **B** **C** **D**

32

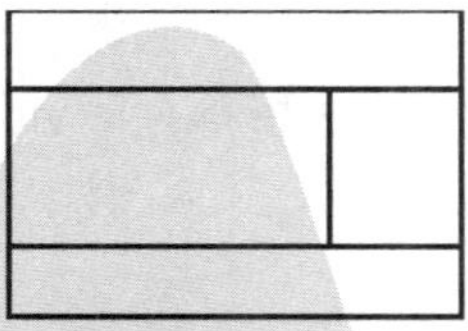

La figure ci-dessus a été déformée.
Quelle figure en est le résultat ?

A 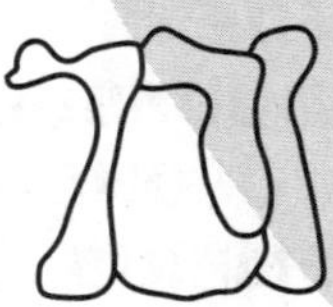 **B** 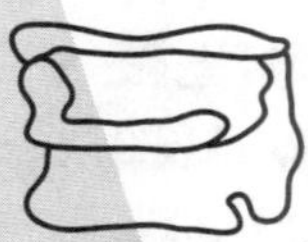

C  **D** 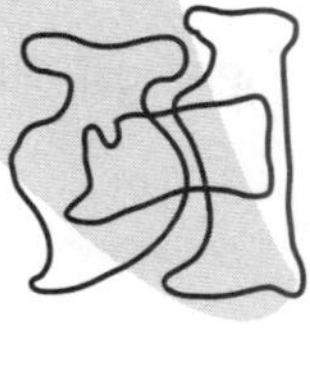

33

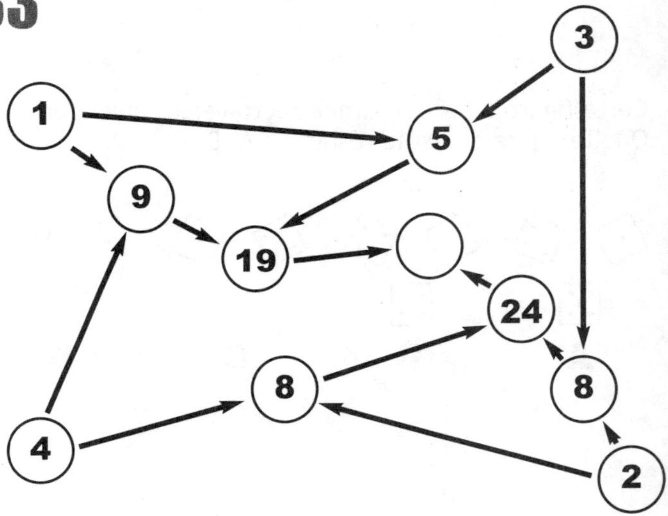

Quel nombre vient dans le cercle vide ?

34

AMANT ⟶ EDENS
SAILLIE ⟶ MOUSSUE
CAMARD ⟶ COLONS
CAHUTE ⟶ EMERIS

Quelle ligne est différente des trois autres ?

35

TOUS LES NUAGES SONT DES VAGABONDS.
LES POÈTES ONT DE L'IMAGINATION.
IMPOSSIBLE D'ÊTRE VAGABOND SANS ÊTRE POÈTE.
POUR AVOIR DE L'IMAGINATION IL FAUT ÊTRE LIBRE.

Quelle phrase contredit les précédentes ?

A. Les nuages sont libres.
B. Aucun vagabond n'est dépourvu d'imagination.
C. Certains nuages ne sont pas libres.
D. Pour vagabonder il faut être libre.

36

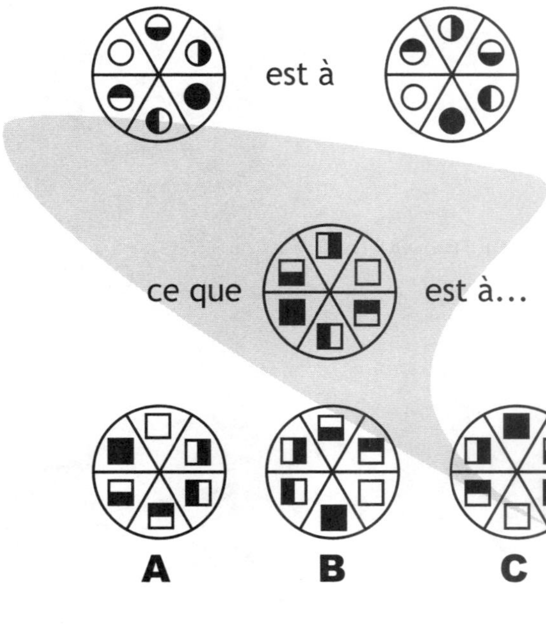

37

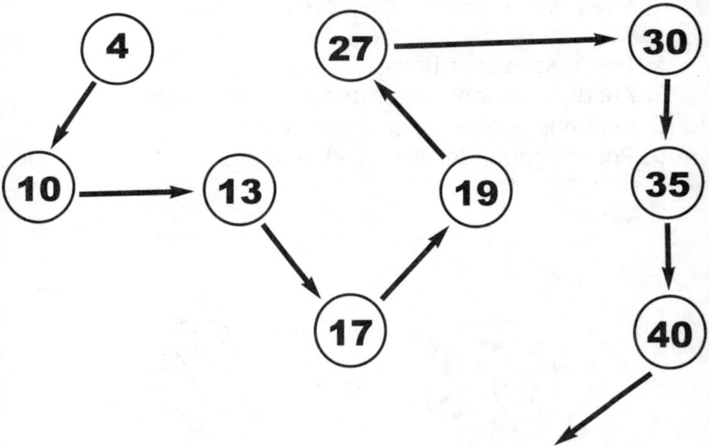

À quel nombre aboutit ce parcours ?

38

**TIMOTHÉE PORTE UN CHAPEAU BLEU.
TOUS CEUX QUI PORTENT UN CHAPEAU VERT
SONT MES AMIS.**

Supposant ce qui précède, quelle affirmation est certainement vraie ?

A. Timothée n'est pas mon ami.
B. Timothée, qui est mon ami, porte parfois un chapeau vert.
C. Personne ne porte un chapeau vert s'il est mon ami.
D. Timothée, qui est peut-être mon ami, porte parfois un chapeau vert.

39

Cette figure a été retournée recto verso, puis tournée. Quelle figure en est le résultat : A, B, C ou D ?

A **B** **C** **D**

40

MATOU	→	**SU**
BENNE	→	**MO**
ACHAT	→	**GI**
AORTE	→	**NA**
ARDUE	→	**CE**

Quelle ligne est différente des quatre autres ?

test de QI n°4

1

Quel nombre manque ?

5 7 . 15 23 36

2

Quelle lettre manque ?

V . Q M H

3

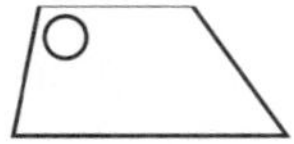

Cette figure a été retournée recto verso, puis tournée.
Quelle figure en est le résultat : A, B, C ou D ?

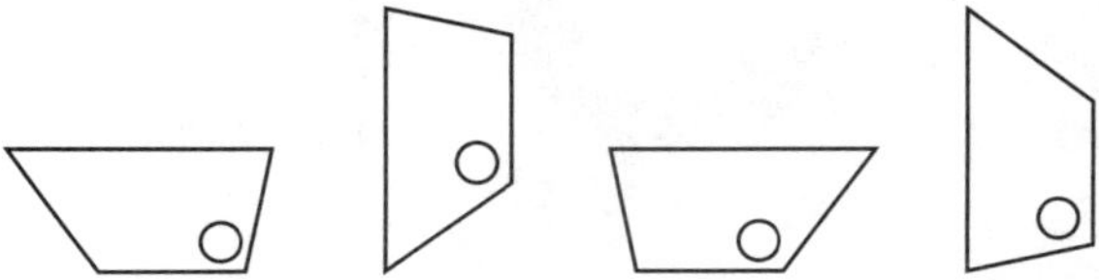

A **B** **C** **D**

4

AUTOMATIQUE RÊVÉ SURPRIS
INVOLONTAIRE EXPRIMÉ

Parmi ces cinq mots, deux ont un sens proche.
Soulignez-les.

5

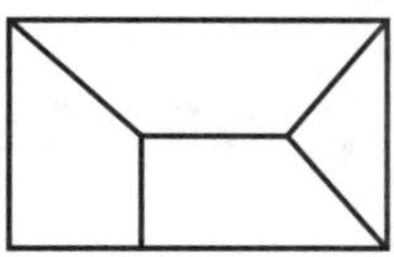

Cette figure a été retournée recto verso, puis tournée.
Quelle figure en est le résultat : A, B, C ou D ?

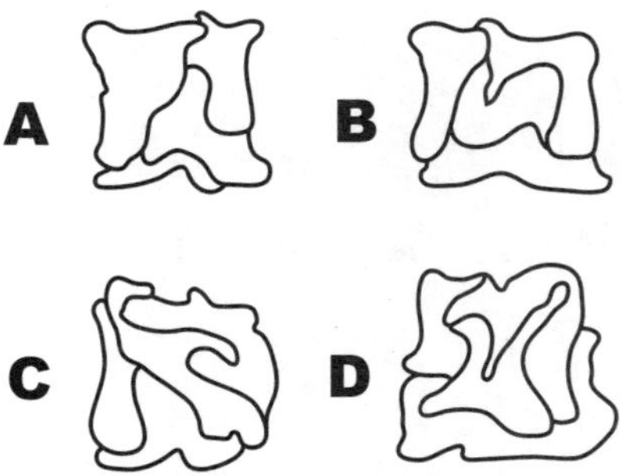

6

G P est à **ER**
ce que **N D** est à ...

7

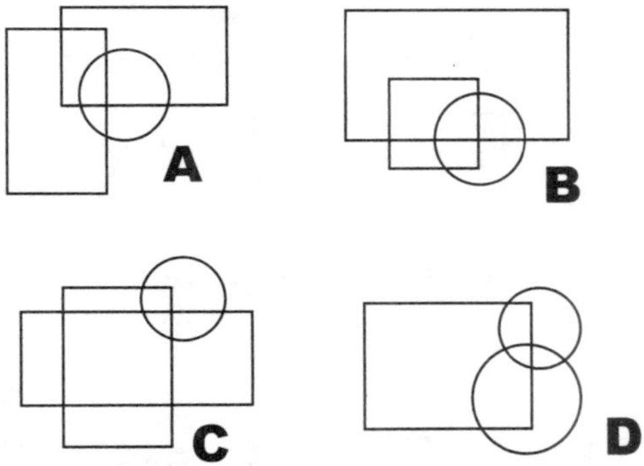

Quelle figure diffère des trois autres ?

8

Quel rayon doit-on supprimer pour que sur chaque cercle s'inscrive un mot ?

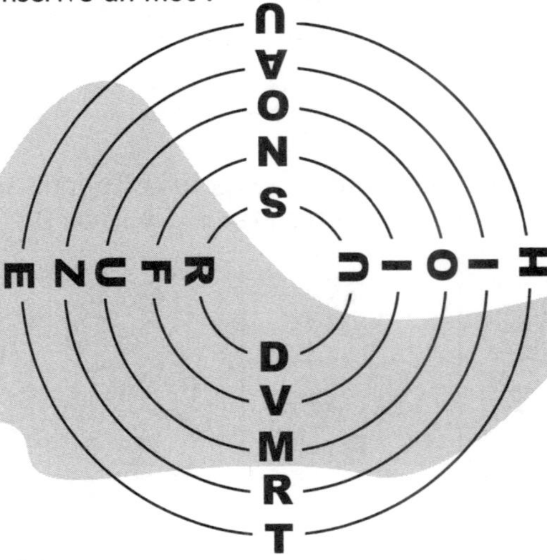

9

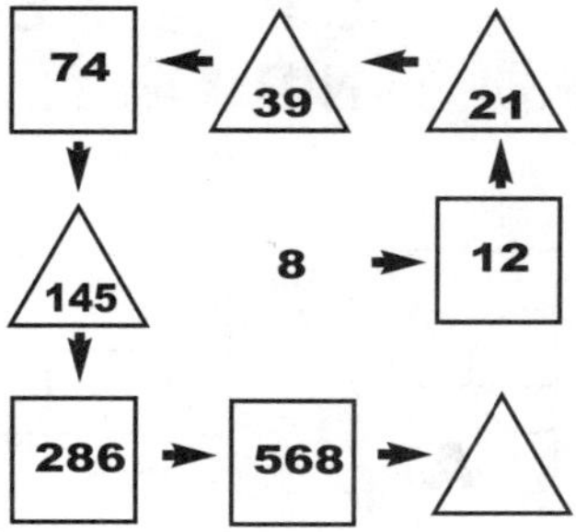

Quel nombre vient dans le triangle vide ?

10

RAPACE AILÉ SAUTEUR
AVIDE ZÉLÉ

Parmi ces cinq mots, deux ont un sens proche.
Soulignez-les.

11

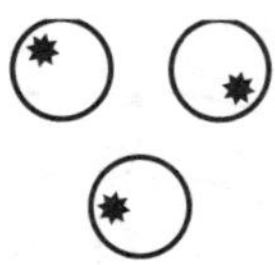

Cette figure a été retournée recto verso, puis tournée.
Quelle figure en est le résultat : A, B, C ou D ?

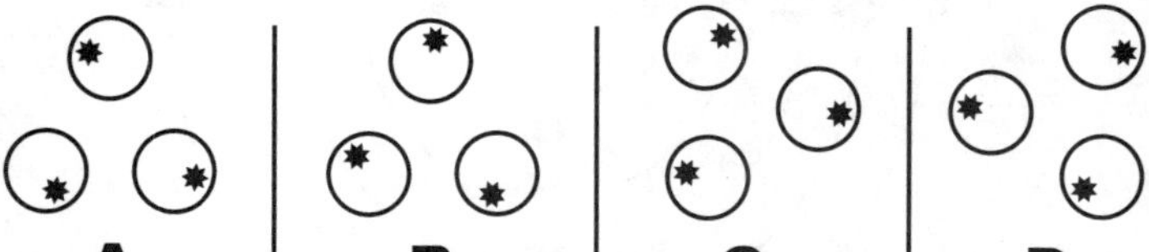

A **B** **C** **D**

12

Changez de place deux rayons pour que sur chaque cercle s'inscrive un mot. (A E R M F reste fixe.)

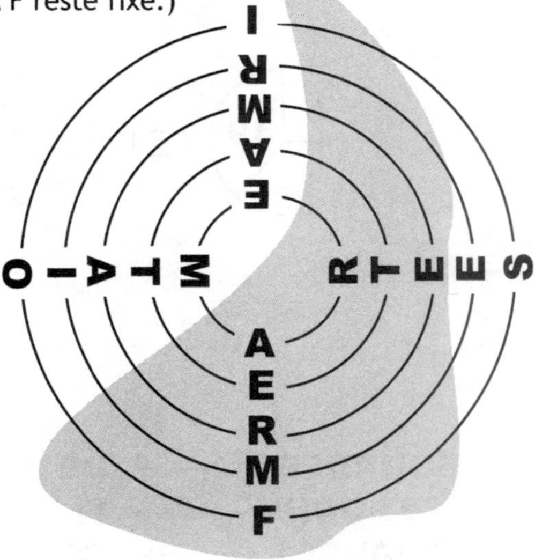

13

. 10 11 21 31 41 1401 16 512

Quel nombre manque ?

14

Quelle lettre manque ?

E C H T R W L . O

15

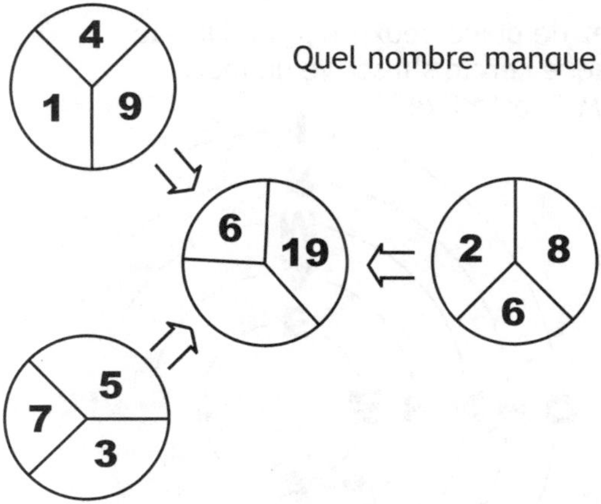

Quel nombre manque ?

16

SOURDRE → DE
FENOUIL → FI
CHARROI → CA
MAQUIGNON → AG
ÉMOULU → LE

Quelle ligne est différente des quatre autres ?

17

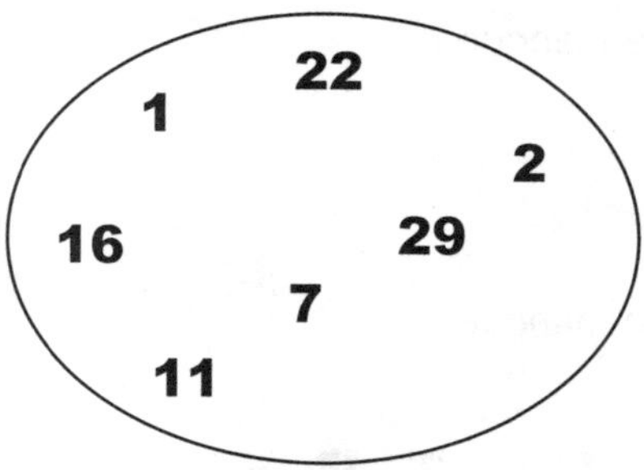

Quel nombre manque ?

18

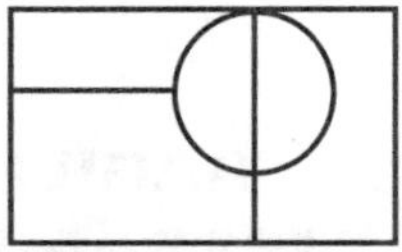

Cette figure a été simplement déformée.
Quelle figure en est le résultat : A, B, C ou D ?

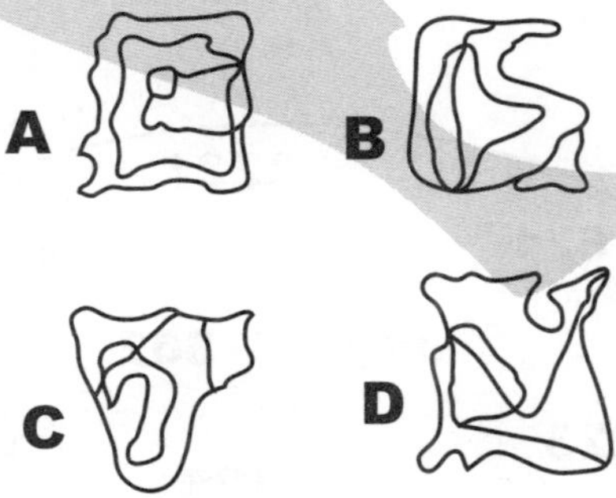

19

Quel nombre manque ?

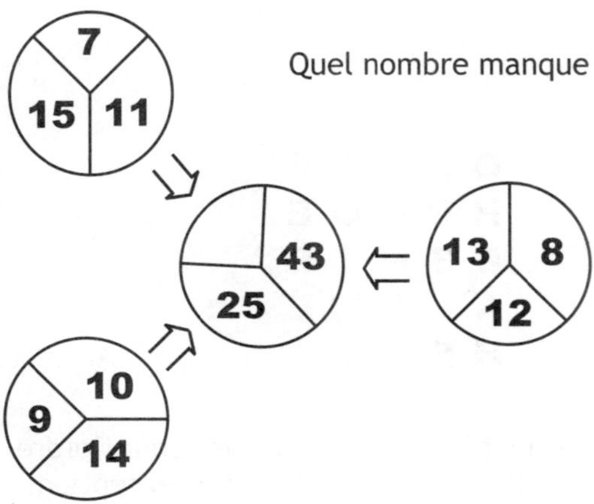

20

VANTARDISE FRAGILITÉ ENNUI
DÉLICATESSE PURETÉ

Parmi ces cinq mots, deux ont un sens proche. Soulignez-les.

21

3221

621 **34**

413 **362**

223

126

Quel nombre est un intrus ?

22

O L R I E
H R N O E
E S N I E
A L P M E
H R N I

Chaque ligne contient le nom d'un fleuve, dont l'ordre des lettres a été bouleversé. Une ligne fait exception. Laquelle ?

58 CT 12 DE 25 VQ 81 ... **23**

Quelles lettres poursuivent la série ?

24

EM est à H

et CI est à F

ce que DG est à ...

25

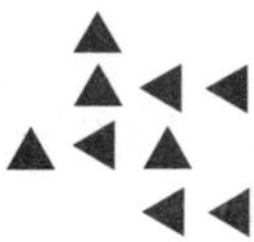 est à 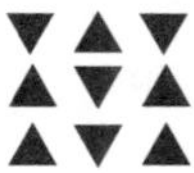

ce que 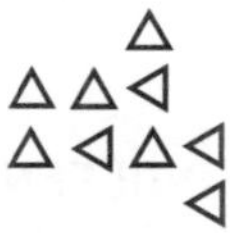 est à...

A

B

C

26

E T L E H P E

O M M E G

L I U E P P R E

O B I E T

N A C D E A S

I D N E C R E R

Quelle ligne cache le nom d'un arbre, dont l'ordre des lettres a été bouleversé ?

27

Quel nombre manque ?

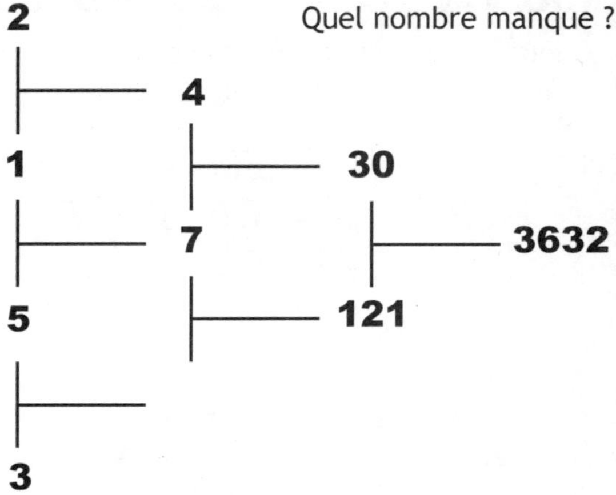

28

JE NE GARANTIS PAS QU'IL EST INDÉFENDABLE DE NIER LE CONTRAIRE DE LA VÉRACITÉ DE MES DIRES.

Quelle phrase se rapproche le plus de la précédente ?

A. Je mens.
B. Je dis la vérité.

29

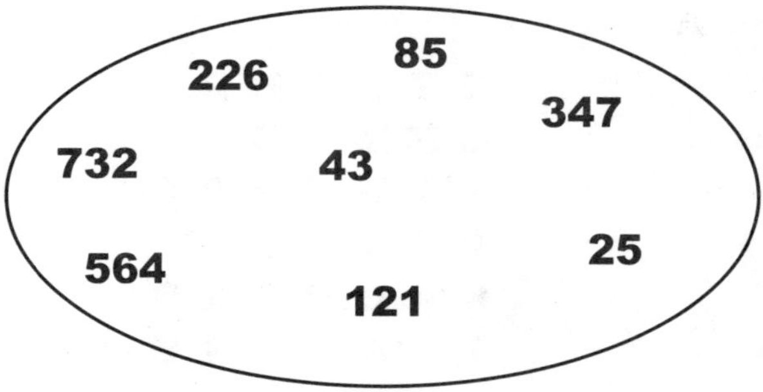

Ces nombres vont par couples. Lequel va avec 732 ?

30

N A G R E U M I
E P E S O U T E R
O C T O A N D E
E N I F R N L A T
R E P U I V N E

Quelle ligne cache le nom d'une fleur, dont l'ordre des lettres a été bouleversé ?

31

Cette figure a été retournée recto verso, puis tournée. Quelle figure en est le résultat : A, B, C ou D ?

A | **B** | **C** | **D**

32

ÉTRAVE → **VÉRITÉ**
REMUE → **ÉMIR**
SINGE → **GENOU**
LIBIDO → **DÉBILE**

Quelle ligne est différente des trois autres ?

33

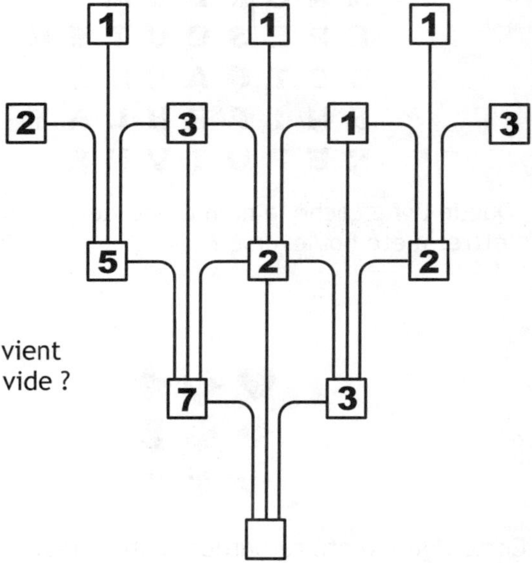

Quel nombre vient dans le carré vide ?

34

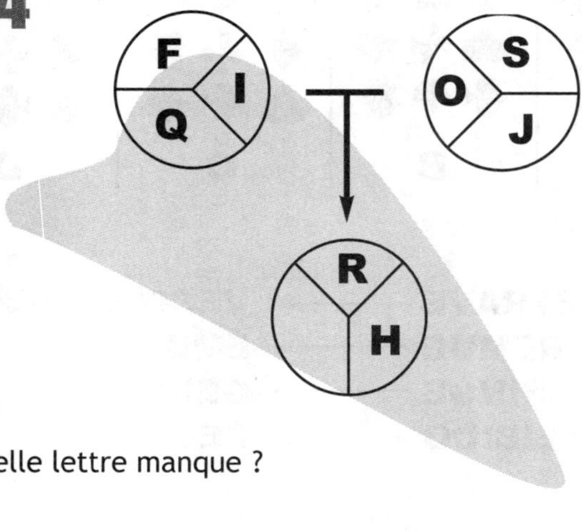

Quelle lettre manque ?

35

 est à 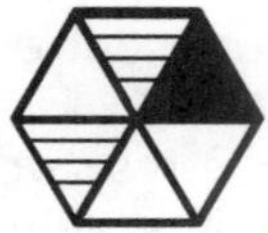

ce que  est à…

A

B

C

36

TOUS LES CHATS SONT VELUS.
CERTAINS CHATS NE SONT PAS DÉPOURVUS D'HUMOUR.
LES ÊTRES VELUS SONT VOLONTIERS SARCASTIQUES.

Quelle phrase contredit ce qui précède ?

A. Certains êtres sarcastiques manquent d'humour.
B. Aucun animal velu ne manque d'humour.
C. Même sarcastique, aucun animal velu n'a d'humour.
B. Sans humour, aucun animal sarcastique n'est velu.

37

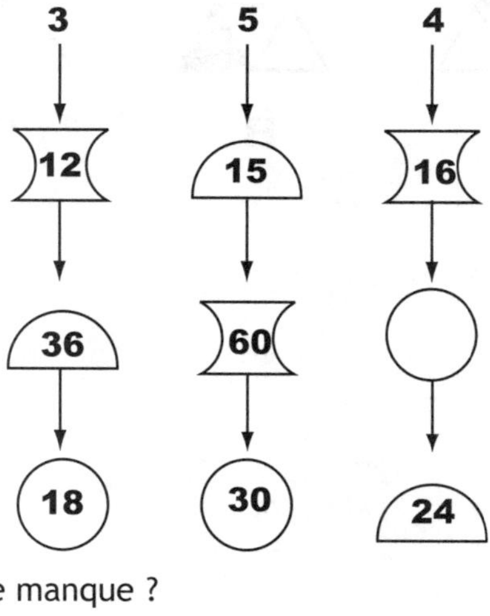

Quel nombre manque ?

38

LES CHIENS À DEUX TÊTES SONT DES ÊTRES VIVANTS.
TOUS LES ÊTRES VIVANTS SE NOURRISSENT.

Supposant ce qui précède, laquelle de ces quatre affirmations est certainement vraie ?

A. Mon chien a deux têtes, parce qu'il se nourrit.
B. Tous les chiens à deux têtes, sans exception, se nourrissent.
C. Certains chiens à deux têtes ne se nourrissent pas.
D. Quelques chiens à deux têtes ne sont pas réellement des êtres vivants.

39

DAMAS ⟶ **ET**
MURET ⟶ **NU**
TROIS ⟶ **UT**
BIAIS ⟶ **FA**

Quelle ligne est différente des trois autres ?

40

Cette figure a été retournée recto verso, puis tournée.
Quelle figure en est le résultat : A, B, C ou D ?

A 

 B

C 

 D

test de QI n°5

1

Quel nombre manque ?

17 19 22 16 . 13 32

2

Quelle lettre manque ?

C F H . M

3

Cette figure a été retournée recto verso, puis tournée.
Quelle figure en est le résultat : A, B, C ou D ?

A B C D

4

CURIEUX

VENIMEUX

NERVEUX

AUDACIEUX

FIELLEUX

Parmi ces cinq mots, deux ont un sens proche.
Soulignez-les.

5

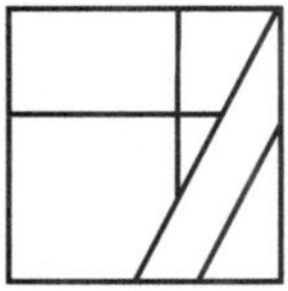

Cette figure a été déformée.
Quelle figure en est le résultat : A, B, C ou D ?

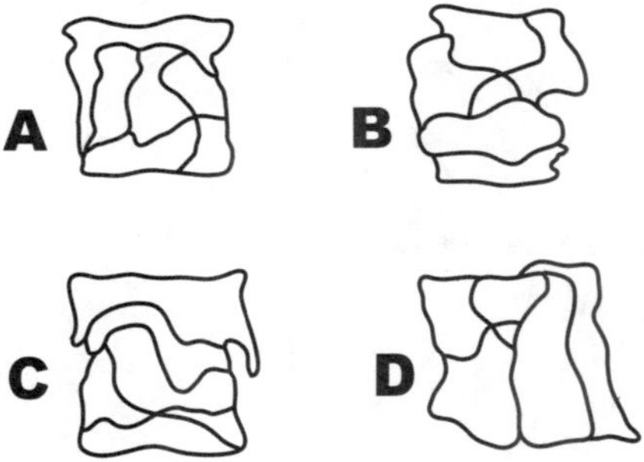

6

H M est à **J K**
ce que **O T** est à …

7

Quel nombre manque ?

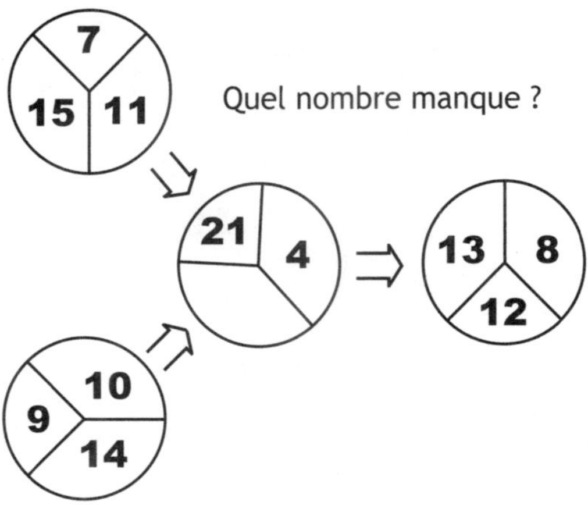

8

Quel rayon doit-on supprimer pour que sur chaque cercle s'inscrive un mot ?

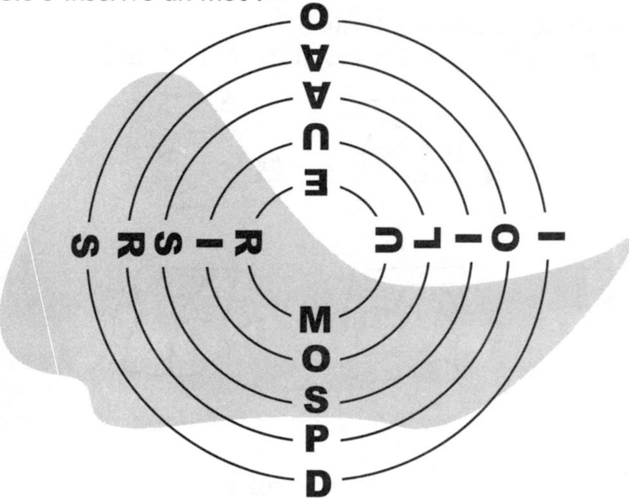

9

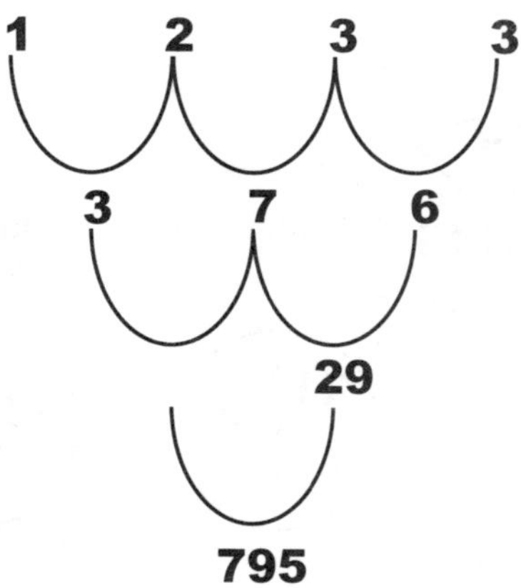

Quel nombre manque ?

10

PARTI

DÉCELÉ

DISSOLU

RÉVÉLÉ

EXTÉNUÉ

Parmi ces cinq mots, deux ont un sens proche.
Soulignez-les.

11

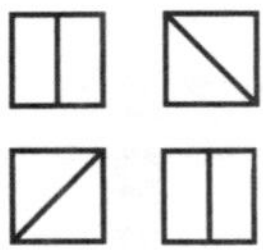

Cette figure a été retournée recto verso, puis tournée.
Quelle figure en est le résultat : A, B, C ou D ?

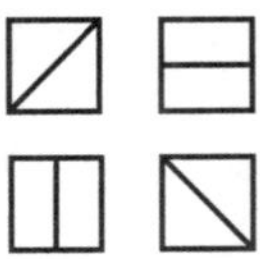

A

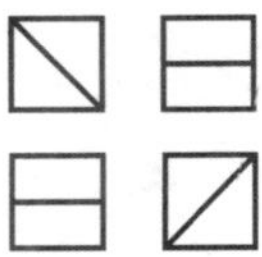

B

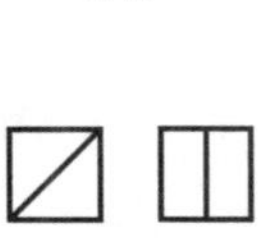

C

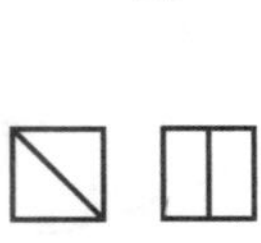

D

12

Changez de place deux rayons pour que sur chaque cercle s'inscrive un mot.

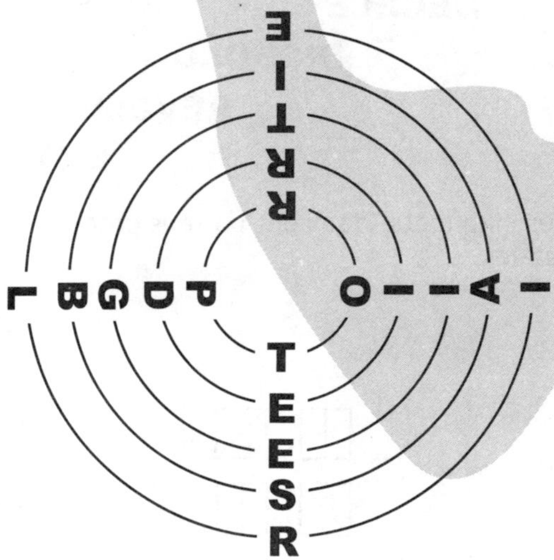

13

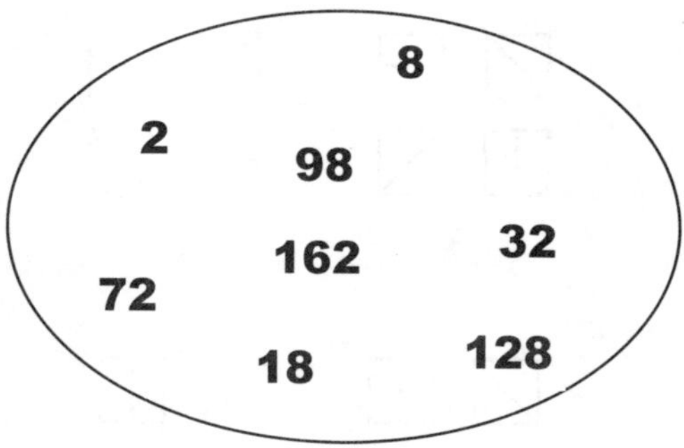

Quel nombre manque ?

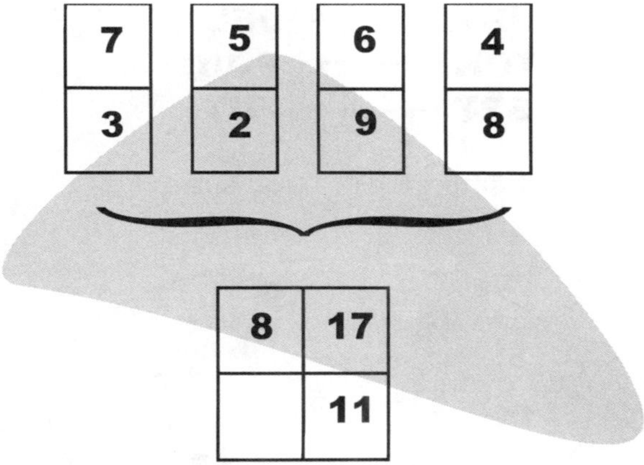

Quel nombre manque ?

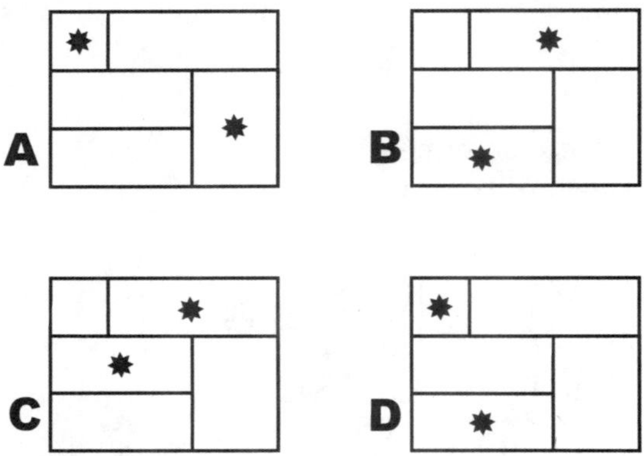

Quelle figure diffère des trois autres ?

16

JOB → PIC
DIT → JEU
TON → POU
SET → FUT

Quelle ligne est différente des trois autres ?

17

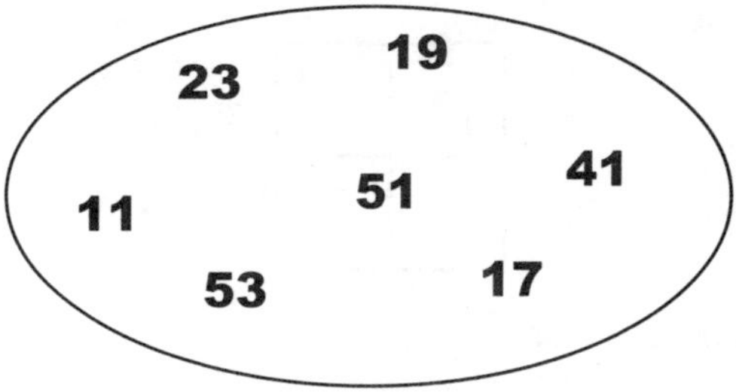

Quel nombre est un intrus ?

18

Cette figure a été déformée.
Laquelle est-ce : A, B, C ou D ?

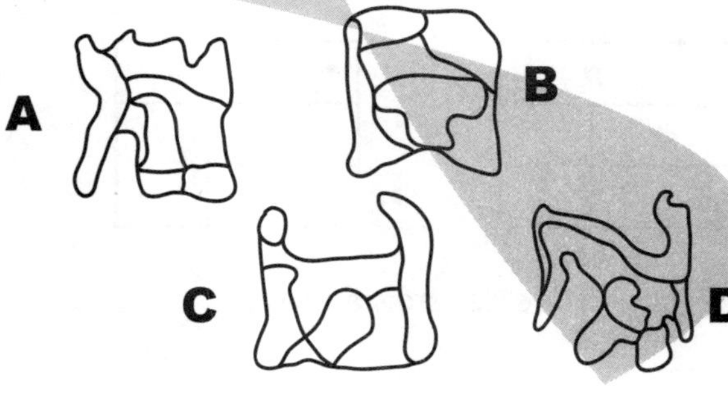

Quelle lettre manque ? **19**

A E F J G Q I C L . R V

20

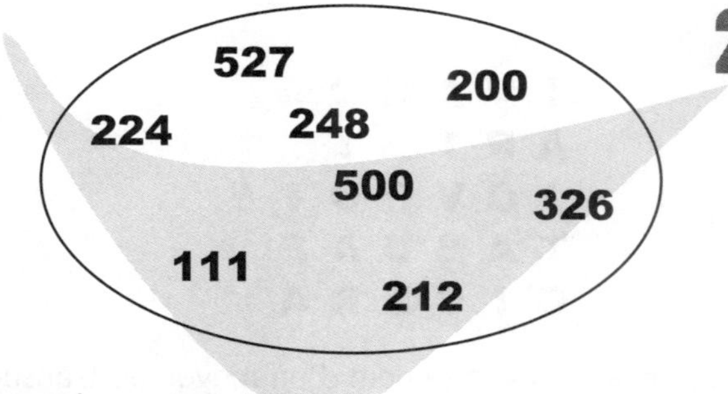

Quel nombre est un intrus ?

21

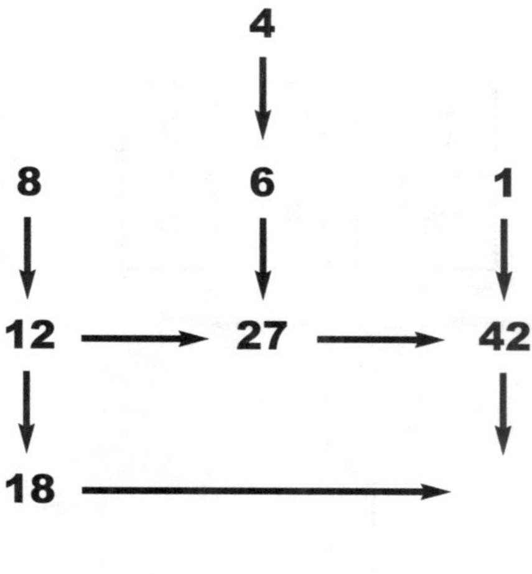

À quel nombre aboutissent les flèches ?

22

Quel couple de nombres poursuit la série ?

(2 5) (9 8) (10 25) (45 40) ...

23

I V A N O
A R T N I
I O V R U T E
T A B U A E
G I C E R A

Chaque ligne contient le nom d'un moyen de transport dont l'ordre des lettres a été bouleversé. Une ligne fait exception. Laquelle ?

24

12	7	17	9
11	22	16	8

	1
4	2

Quel nombre manque ?

25

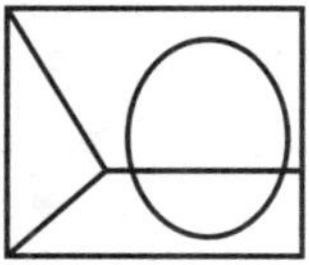

Cette figure a été déformée.
Laquelle est-ce : A, B, C ou D ?

A 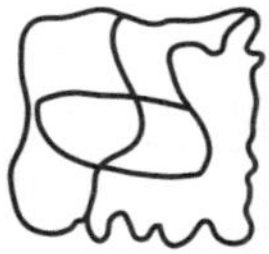 B 

C  D 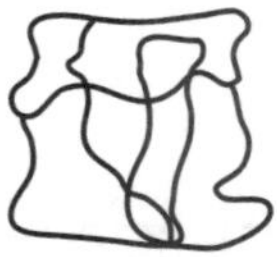

26

I G O L U
T V A N E
E E R P I
O M A A T
E I M N R

Quelle ligne cache le nom d'un légume, dont l'ordre des lettres a été bouleversé ?

27

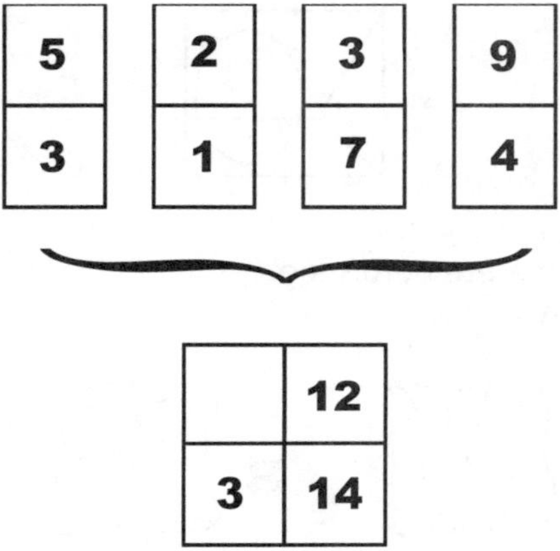

Quel nombre manque ?

28

IL REFUSE DE DÉMENTIR SA CERTITUDE DE DOUTER DE LA FAUSSETÉ DE MES ALLÉGATIONS.

Quelle phrase se rapproche le plus de la précédente ?

A. Il pense que j'ai raison.
B. Il pense que j'ai tort.

29

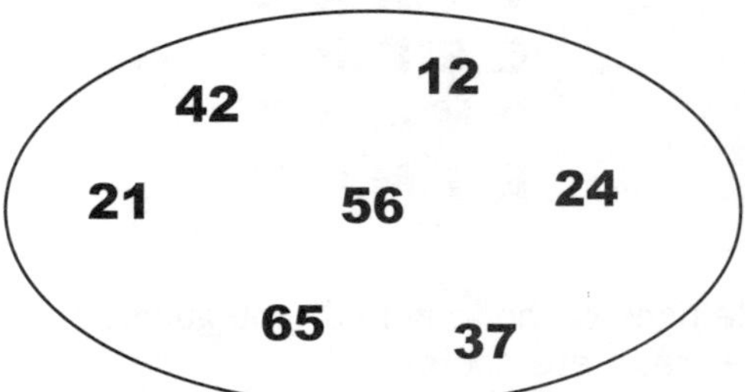

Quel nombre manque ?

30

Q U I R A F E
N I I D O G
U O B R D R E
E P O R R N
N E M T O R

Quelle ligne cache le nom d'une couleur, dont l'ordre des lettres a été bouleversé ?

31

Cette figure a été retournée recto verso, puis tournée. Quelle figure en est le résultat : A, B, C ou D ?

A

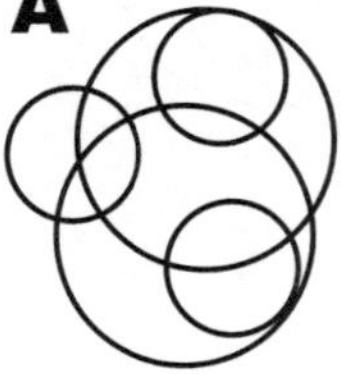

B

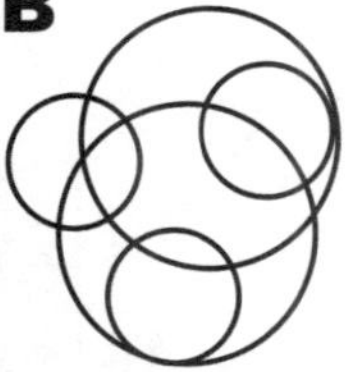

C

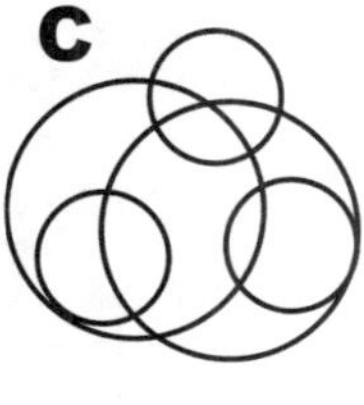

D

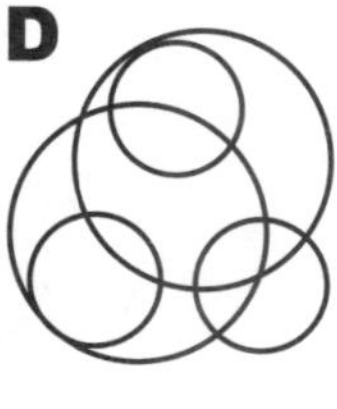

32

VAINCU → FOLLES
ENSEIGNE → AMOUR
INSTRUMENT → POLKA
MARASME → FOLIO
PIERRAILLE → BOURGS

Quelle ligne est différente des quatre autres ?

33

1	5	1	3
4	1	1	4
1	1	6	2
4	3	2	

Quel nombre manque ?

34

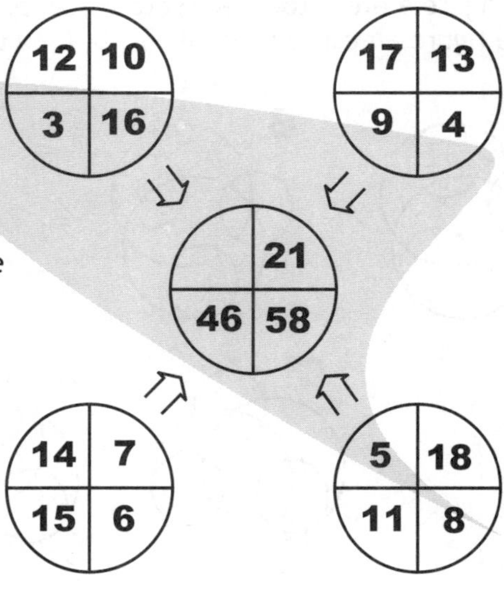

Quel nombre manque ?

35

est à

ce que

est à...

A

B

C

36

LES AVARES NE SONT PAS SANS SCRUPULES.
TOUS LES SOTS SONT DES AVENTURIERS.
AUCUN AVENTURIER N'A DE SCRUPULES.

Quelle phrase contredit ce qui précède ?

A. Certains avares sont des aventuriers.
B. Aucun aventurier n'est avare.
C. Aucun sot n'est avare.
D. Aucun avare, s'il est aventurier, ne manque d'être un sot.

37

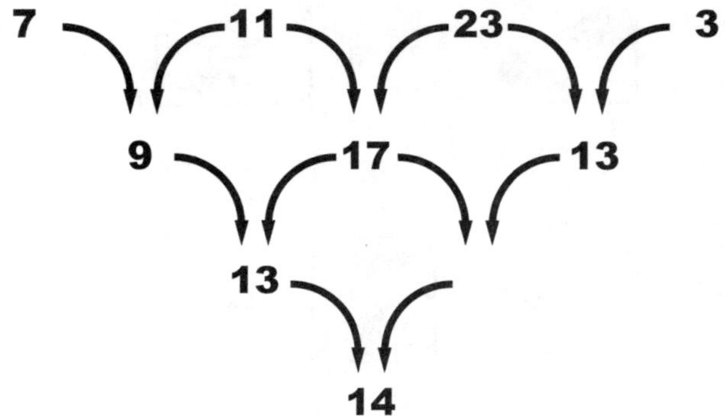

Quel nombre manque ?

38

TOUS LES CURIEUX SONT AVIDES.
AUCUN RAT GOURMAND N'ÉCHAPPE AUX QUOLIBETS.
QUELQUES RATS GOURMANDS SONT CURIEUX.

Quelle phrase contredit les précédentes ?

A. Certains rats curieux sont gourmands.
B. Certains rats avides échappent aux quolibets.
C. Certains rats gourmands sont avides.
D. Tous les rats avides échappent aux quolibets.

39

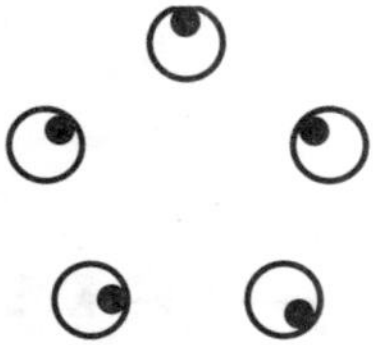

Cette figure a été retournée recto verso, puis tournée.
Quelle figure en est le résultat : A, B, C ou D ?

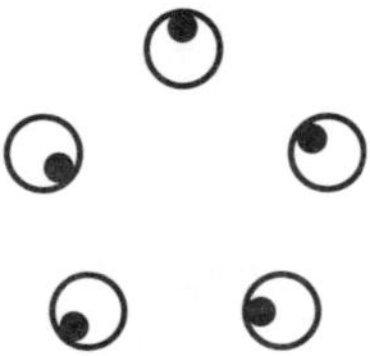

A

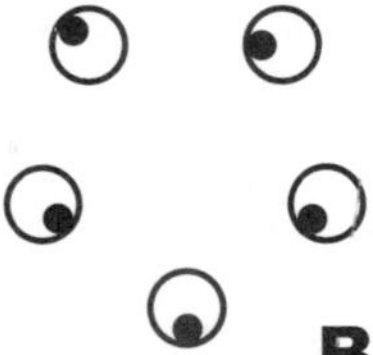

B

C

D

40

DODUS ⟶ DE
TAUPIN ⟶ FI
TATER ⟶ TU
CANNE ⟶ NO

Quelle ligne est différente des trois autres ?

test de QI n°6

1

Quel nombre manque ?

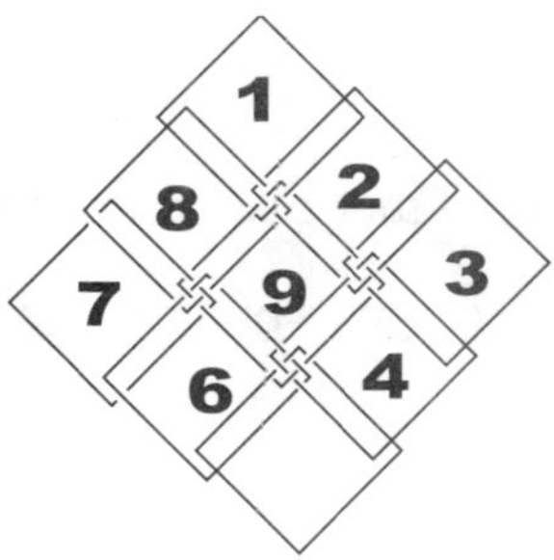

2

Vous n'avez pas besoin de

B C D E F
G H J K L
M N O P Q
S T U V W
X Y Z

pour écrire un mot courant de trois lettres :

3

Quel symbole manque ?

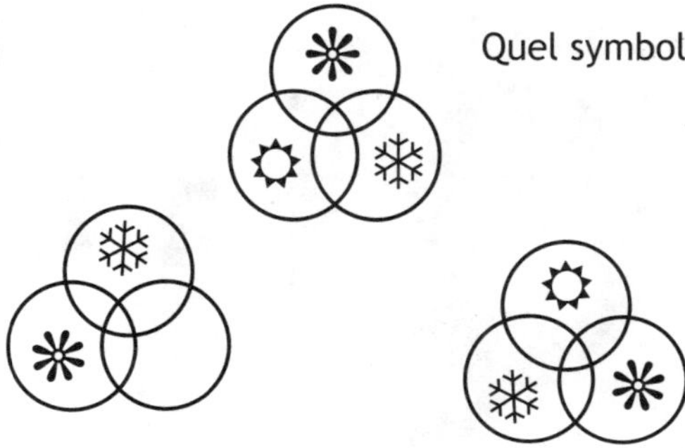

4

ARBRE BÉTON CORPS DANSE ...

Quel mot peut poursuivre la série ?

BLEUET ÉDIFICE FIGURE

5

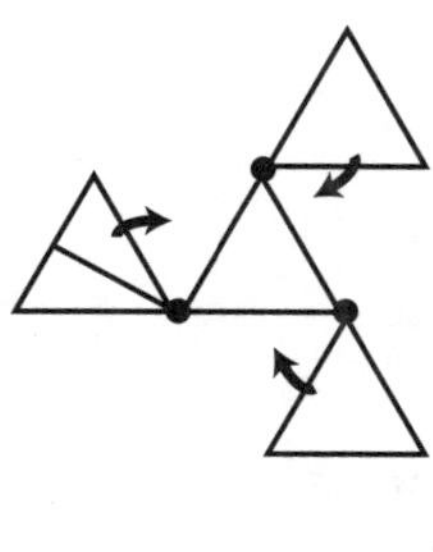

Imaginez que les triangles pivotent pour recouvrir exactement le triangle central.
En combien de régions celui-ci est-il divisé ?

1 3 5 7... 6

Quel nombre peut poursuivre la série ?

8 9 9

Dans l'ordre alphabétique, quel mot courant 7
se trouve entre :

PÉLERIN

_ _ _ _ _ _ _ _ _ _ _ _

et **PÉLERINE ?**

Ce cube a six faces, visibles ou cachées : 8

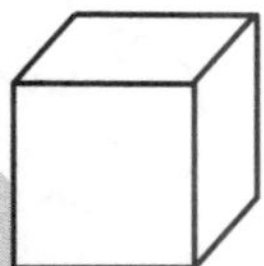

Combien ce solide a-t-il de faces ?

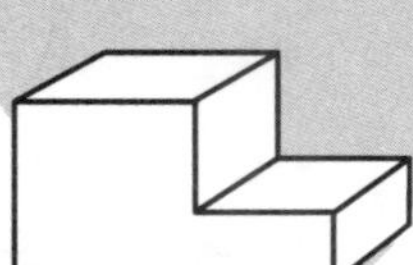

9

Quel nombre manque ?

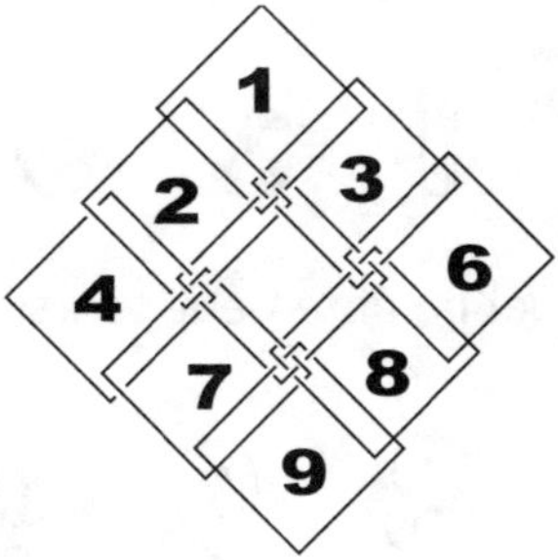

10

Vous n'avez pas besoin de

B C D E F
G H I J M
N Q R S T
U V W X Y
Z

pour écrire un mot courant de cinq lettres :

11

Quel symbole manque ?

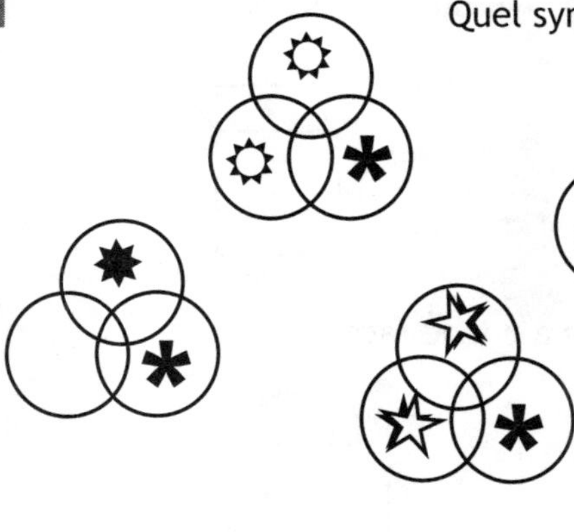

12

LOCOMOTIVE TABLE LIVRE FLEUR...

Quel mot peut poursuivre la série ?

BOUTEILLE PLUME VALISE

13

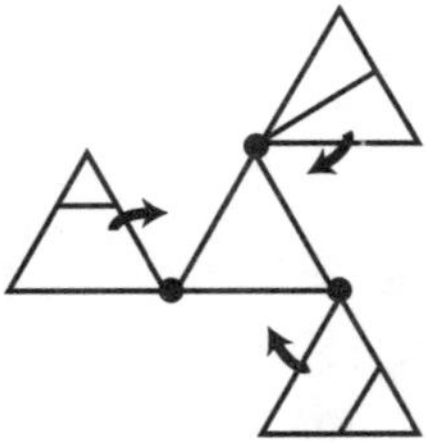

Imaginez que les triangles pivotent pour recouvrir exactement le triangle central.
En combien de régions celui-ci est-il divisé ?

14

1 2 3 8 9 14 ...

Quel nombre peut poursuivre la série ?

15 16 19

15

Dans l'ordre alphabétique, quel mot courant se trouve entre :

NÉVROSE

_ _ _ _ _

et **NI ?**

16

Combien ce solide a-t-il de faces ?

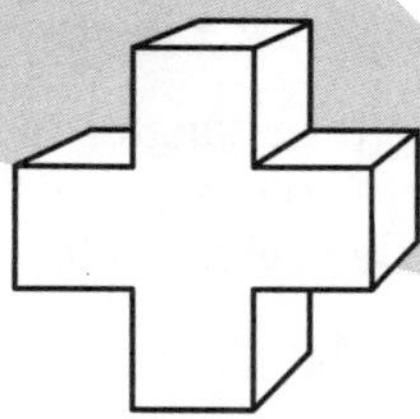

17

Quel nombre manque ?

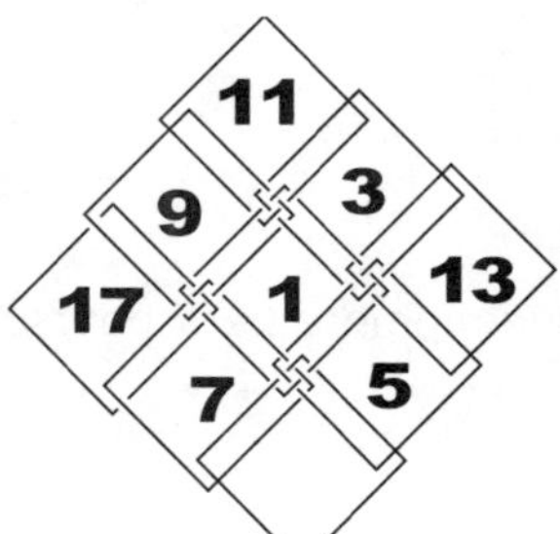

18

Vous n'avez pas besoin de

A B C D F
G H I J K
L M N P Q
V W Y Z

pour écrire un mot courant de sept lettres :

19

Selon les symboles déjà posés, quel symbole vient dans le cercle indiqué par la flèche ?

20

LAC SABLE PACTE RADIO

Quel mot peut poursuivre la série ?

FRONCE VOGUE MERVEILLE

21

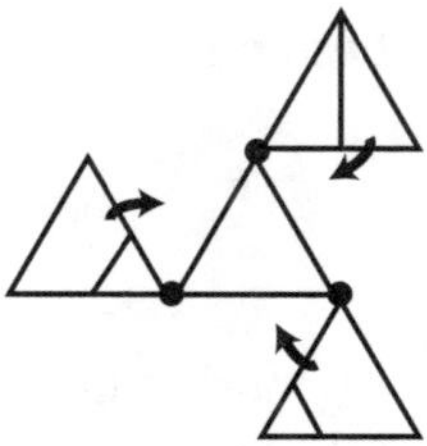

Imaginez que les triangles pivotent pour recouvrir exactement le triangle central.
En combien de régions celui-ci est-il divisé ?

22

45 63 45 23 45...

Quel nombre peut poursuivre la série ?

54 57 63

23

Dans l'ordre alphabétique, quel mot courant se trouve entre :

ÉLITE

_ _ _ _ _ _ _ _

et **ELLE ?**

24

Combien ce solide a-t-il de faces ?

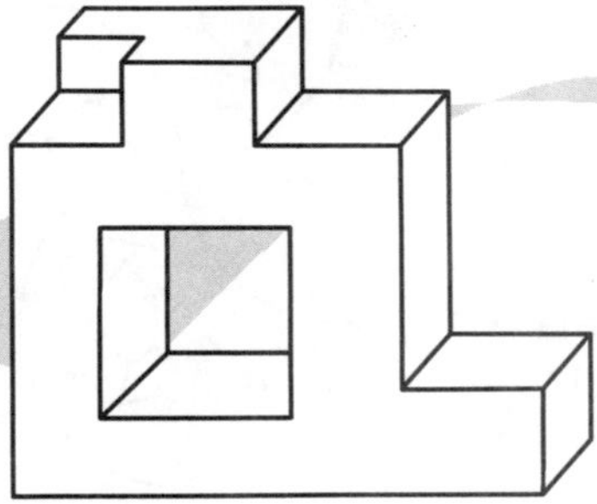

25

Quel nombre manque ?

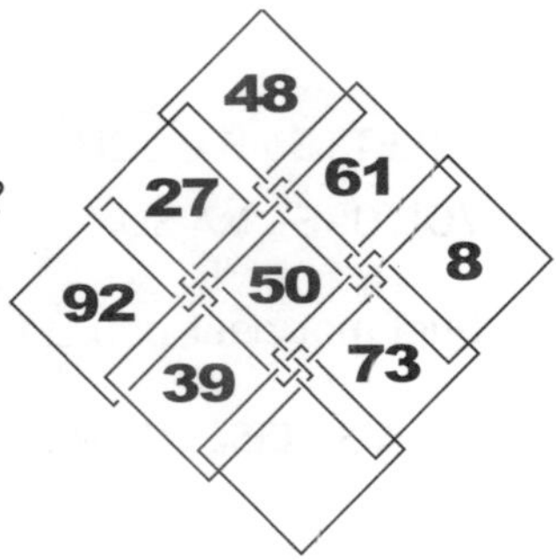

26

Vous n'avez pas besoin de

A H S X Y
Z V W Q G
F D C J T
U K N

pour écrire un mot courant de huit lettres :

27

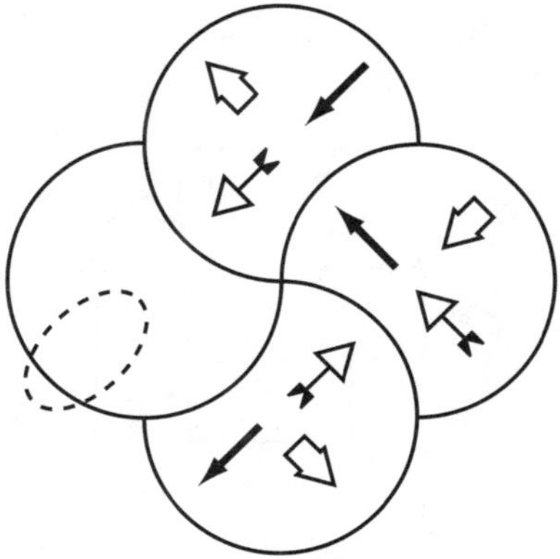

Selon les flèches déjà posées, quelle flèche manque dans la zone indiquée ?

28

SUCETTE BALLON CHAISE
VOITURE MAISON

Quel mot peut poursuivre la série ?

PALAIS CISEAU POUSSETTE

29

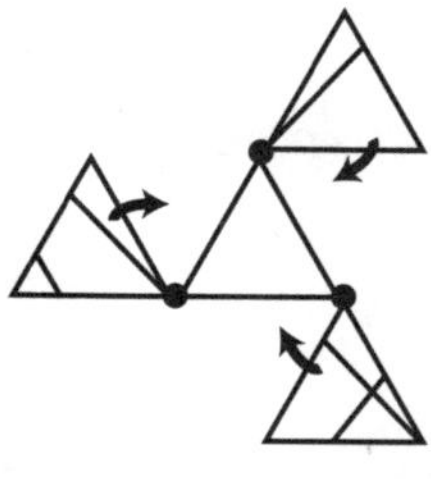

Imaginez que les triangles pivotent pour recouvrir exactement le triangle central.
En combien de régions celui-ci est-il divisé ?

30

6842 8624

4268 8624…

Quel nombre peut poursuivre la série ?

7513

6862

4862

31

Dans l'ordre alphabétique, quel mot courant se trouve entre :

LOUSTIC

_ _ _ _ _ _ _ _ _

et **LOUVE ?**

32

Combien ce solide a-t-il de faces ?

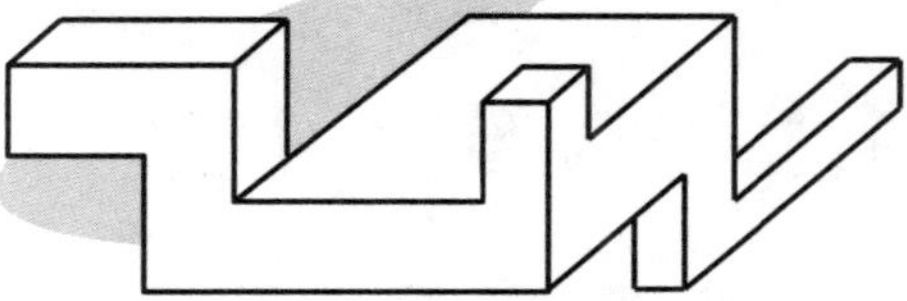

33

Quel nombre manque ?

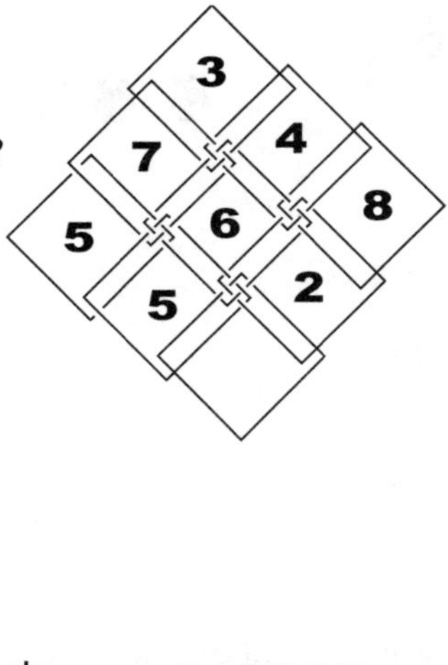

34

Vous n'avez pas besoin de

B J O U Z V
W X Y T N I
G F D K Q
R S M L

pour écrire un mot courant de 8 lettres :

35

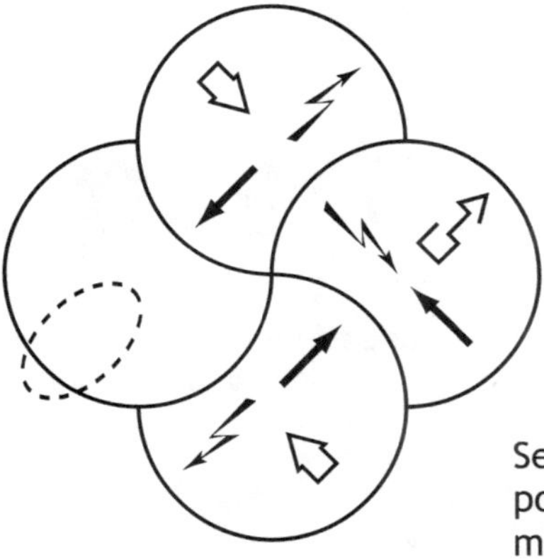

Selon les flèches déjà posées, quelle flèche manque dans la zone indiquée ?

36

ABRICOT BRANCHE ANTILOPE ILLUMINATION

Quel mot peut poursuivre la série ?

MIGRAINE LUMIÈRE INTRÉPIDE

37

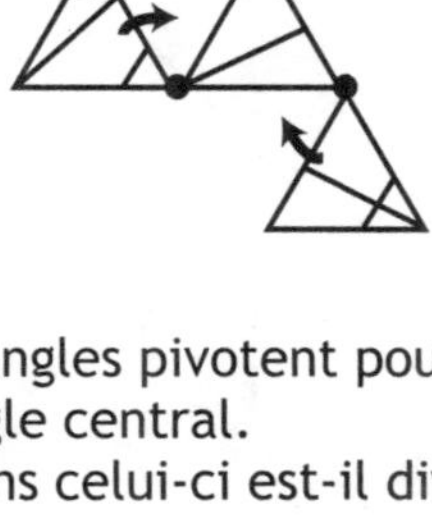

Imaginez que les triangles pivotent pour recouvrir exactement le triangle central.
En combien de régions celui-ci est-il divisé ?

38

585 425 210 ..

Quel nombre peut poursuivre la série ?

20 105 0

39

Dans l'ordre alphabétique, quel mot courant se trouve entre :

MAQUISARD

_ _ _ _ _ _ _ _ _

et **MARAÎCHER ?**

40

Combien ce solide a-t-il de faces ?

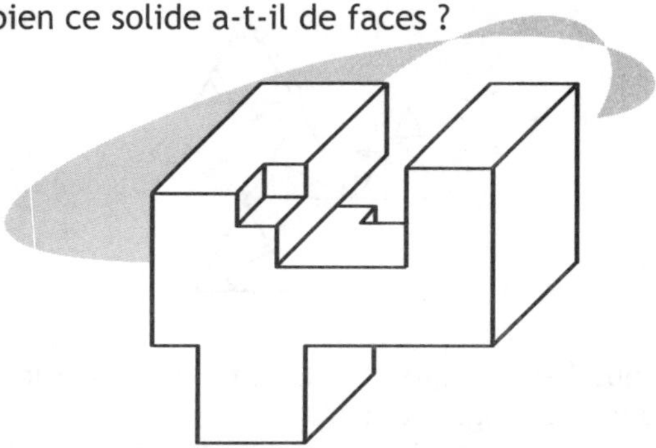

test de QI n° 7

1

Quel carré manque ?

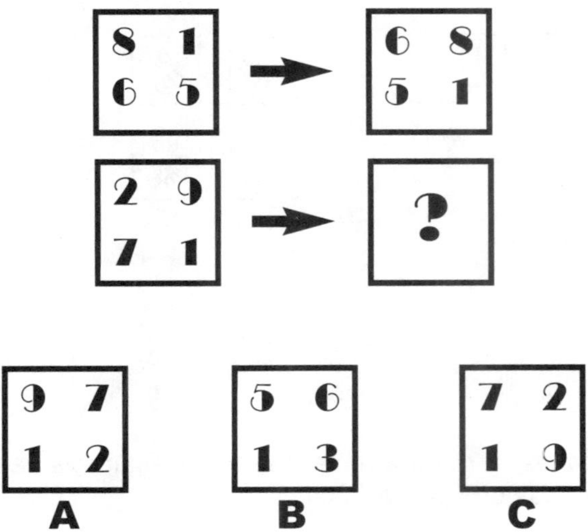

2

Quel mot peut poursuivre la série ?

3

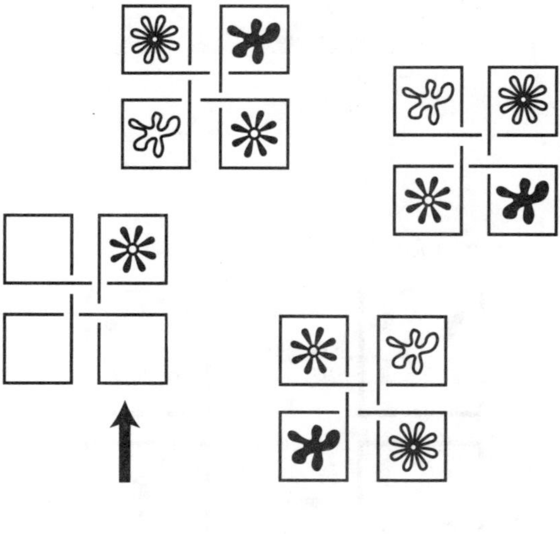

D’après les cases déjà remplies, quelle figure va dans la case indiquée par la flèche ?

4

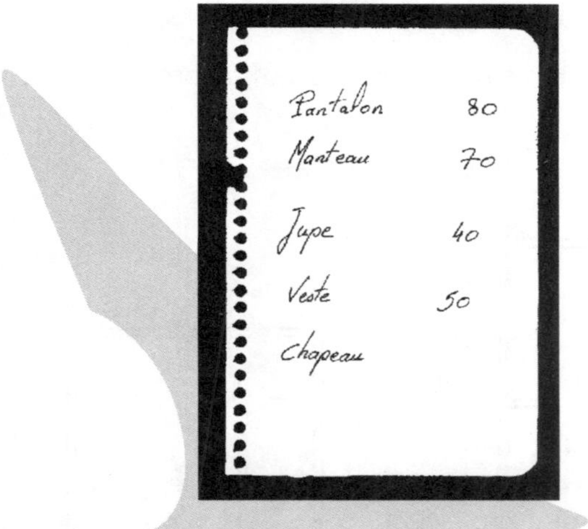

Combien coûte le chapeau ?

5

Combien y a-t-il de régions différentes dans cette figure ?

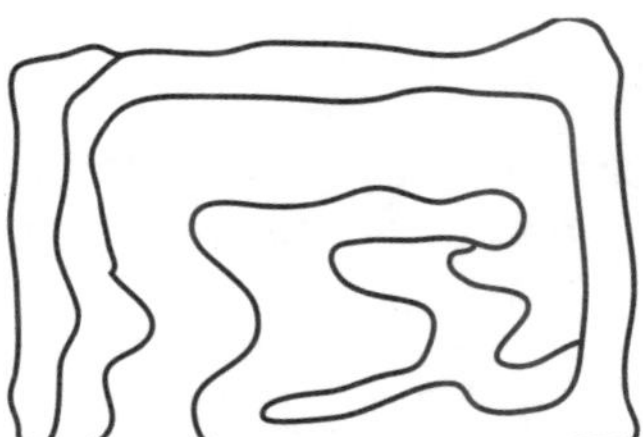

6

Selon les nombres déjà posés, quel nombre manque ?

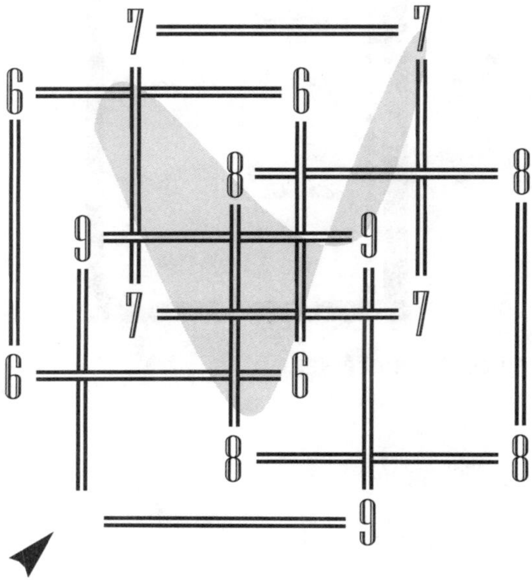

7

Dans l'ordre alphabétique, quel est le premier mot courant de trois lettres commençant par B ?

8

Pour obtenir ce solide,
quelle figure devez-vous replier ?

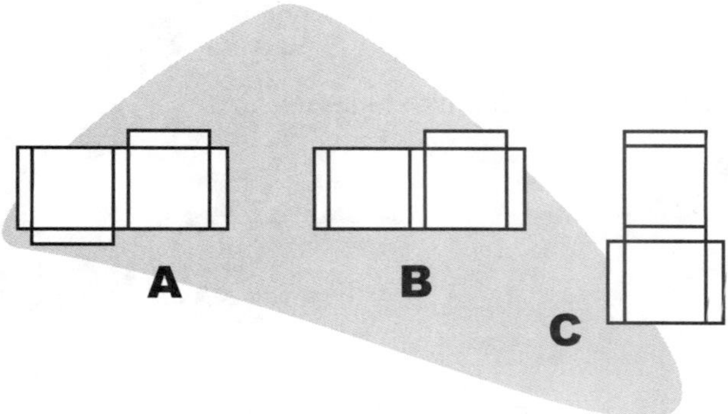

9

Quel carré manque ?

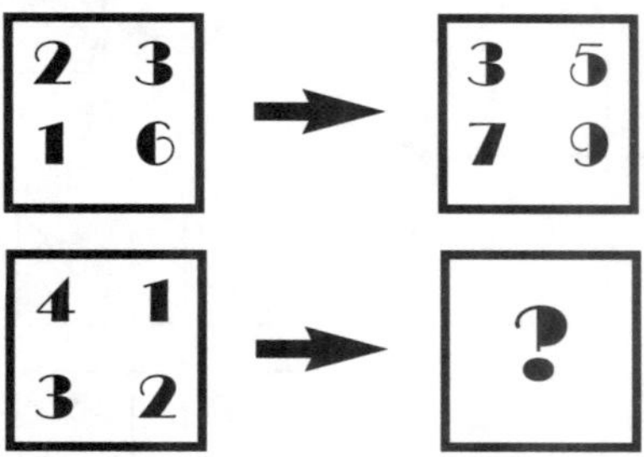

10

BROC RUSE
ETAT...

Quel mot peut poursuivre la série ?

TRAC TALC
AMAS

11

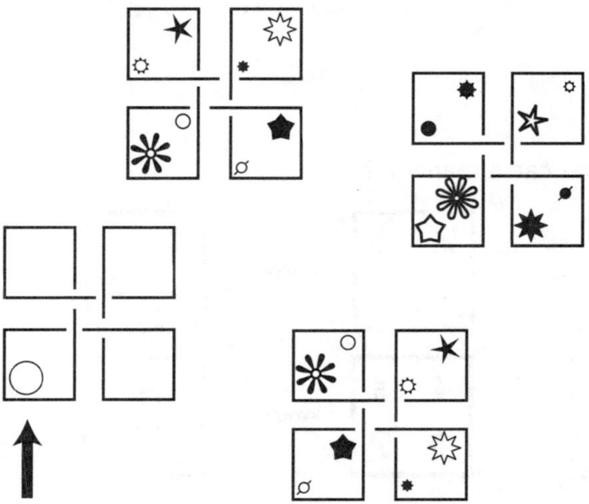

D’après les cases déjà remplies, quelle figure va dans la case indiquée par la flèche ?

12

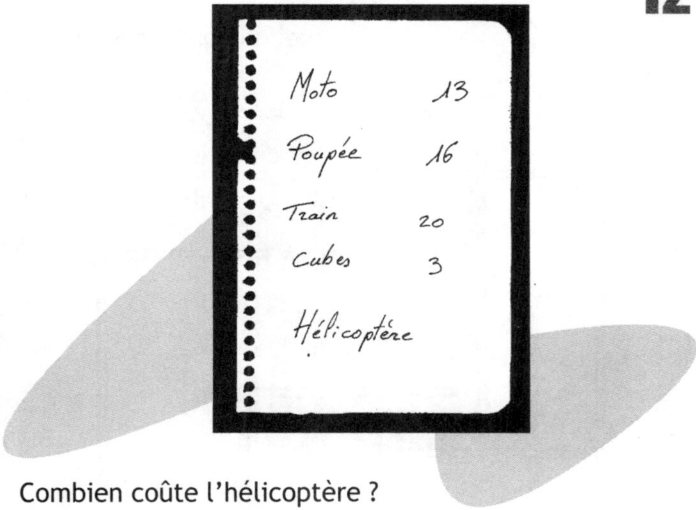

Combien coûte l'hélicoptère ?

13

Combien y a-t-il de régions différentes dans cette figure ?

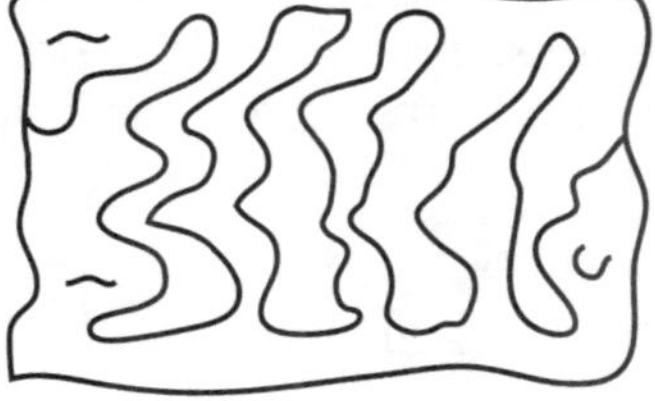

14

Selon les nombres déjà posés, quel nombre manque ?

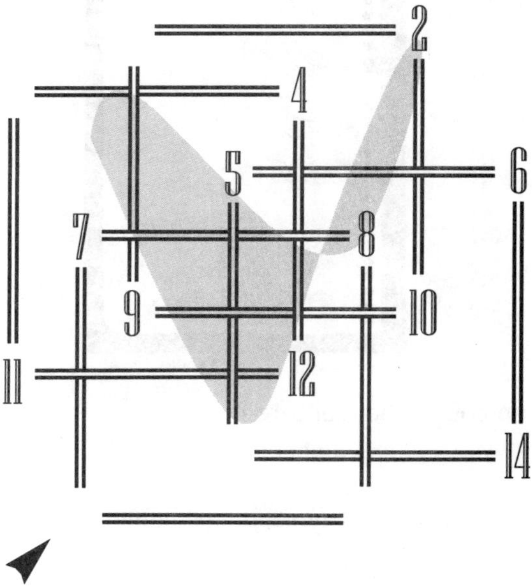

15

Dans l'ordre alphabétique, quel est le premier mot courant de trois lettres commençant par E ?

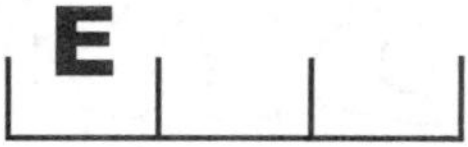

16

Pour obtenir ce solide,
quelle figure devez-vous replier ?

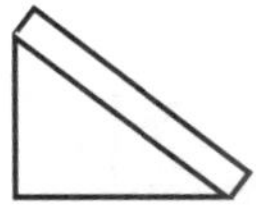

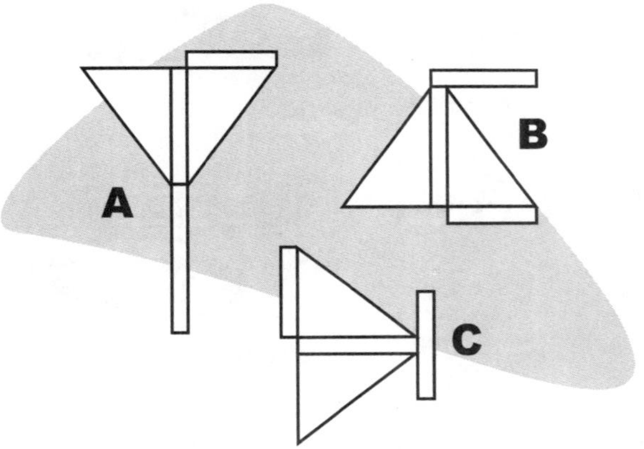

17

Quel carré manque ?

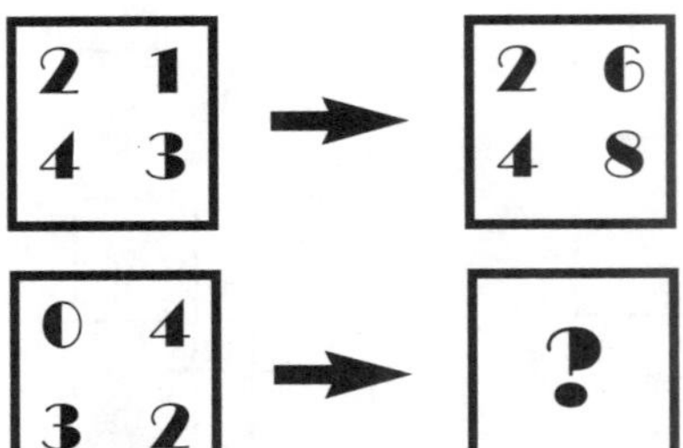

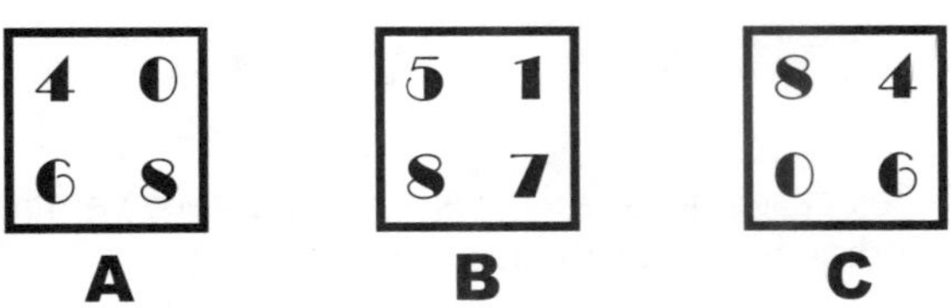

A B C

18

Quel mot peut poursuivre la série ?

19

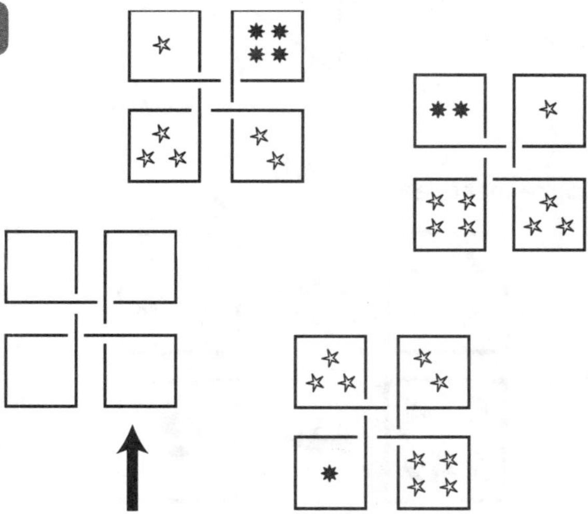

D'après les cases déjà remplies, quelle figure va dans la case indiquée par la flèche ?

20

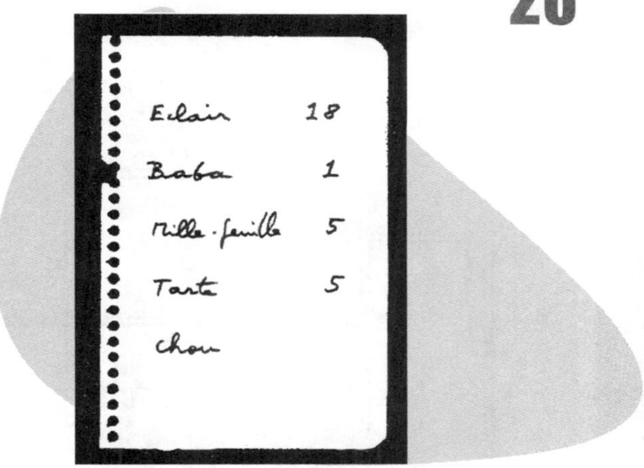

Combien coûte le chou ?

21

Combien y a-t-il de régions différentes dans cette figure ?

22

Selon les nombres déjà posés, quel nombre manque ?

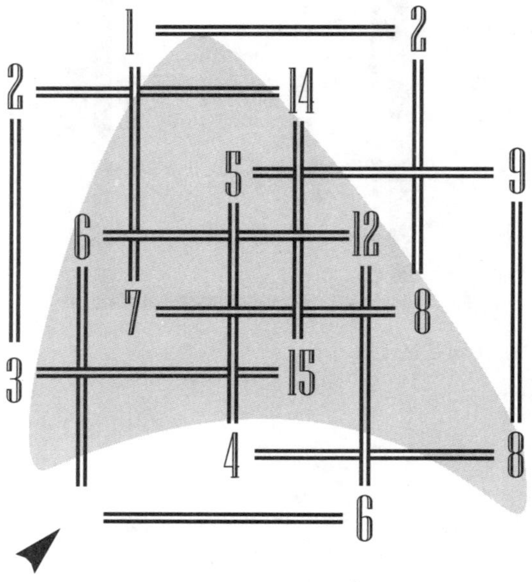

23

Dans l’ordre alphabétique, quel est le premier mot courant de quatre lettres commençant par V ?

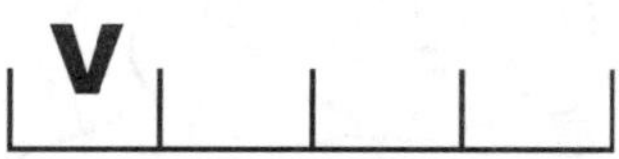

24

Pour obtenir ce solide,
quelle figure devez-vous replier ?

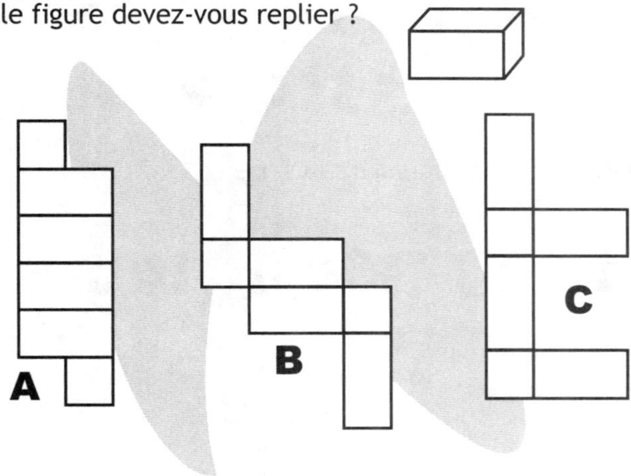

25

Quel carré manque ?

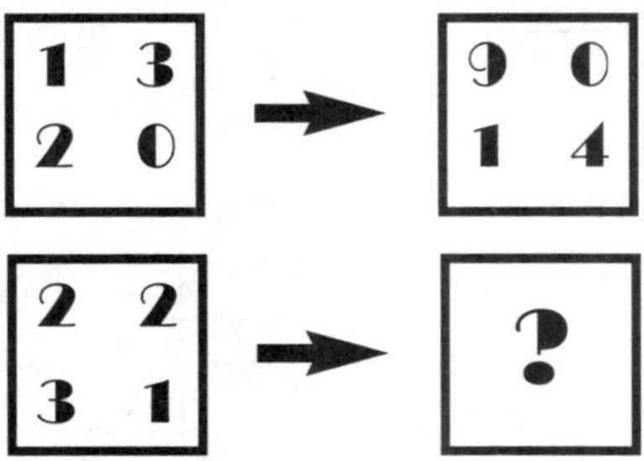

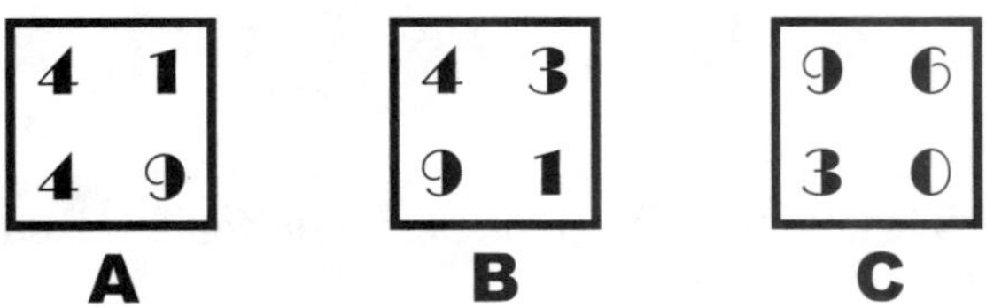

26

avec cars

sire etal ...

Quel mot peut poursuivre la série ?

long lien lame

27

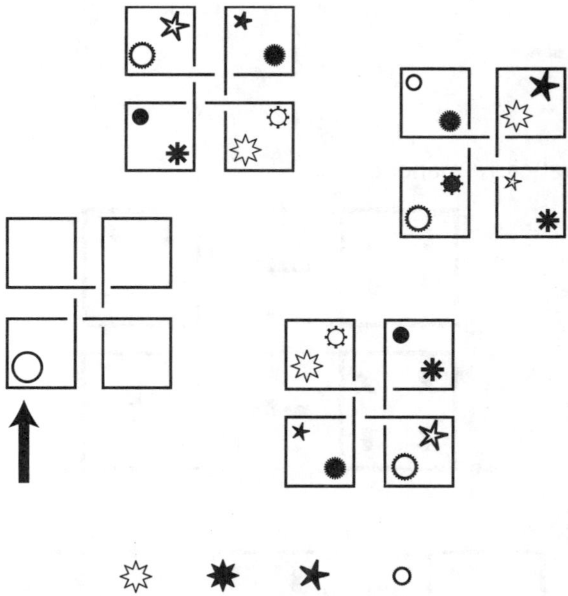

D'après les cases déjà remplies, quelle figure va dans la case indiquée par la flèche ?

28

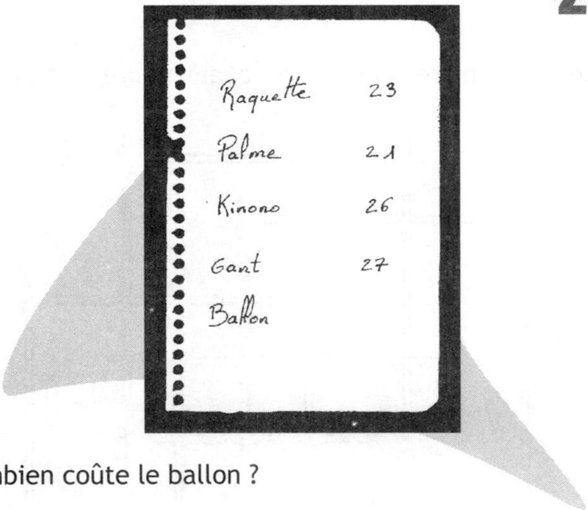

Combien coûte le ballon ?

29

Comptez les régions.

30

Selon les nombres déjà posés, quel nombre manque ?

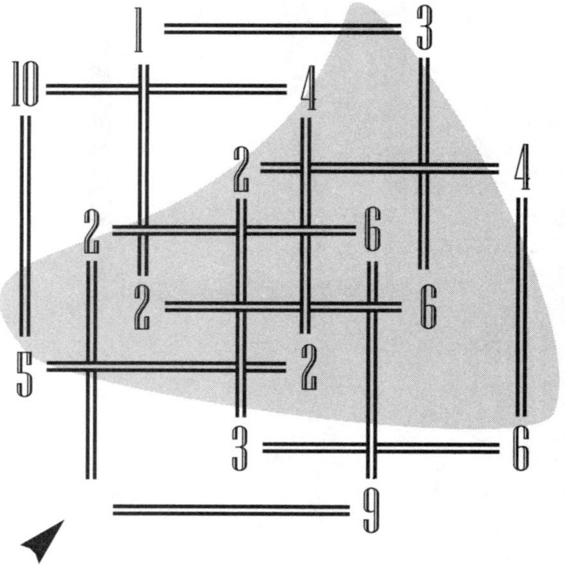

31

Dans l'ordre alphabétique, quel est le premier mot courant de cinq lettres commençant par H ?

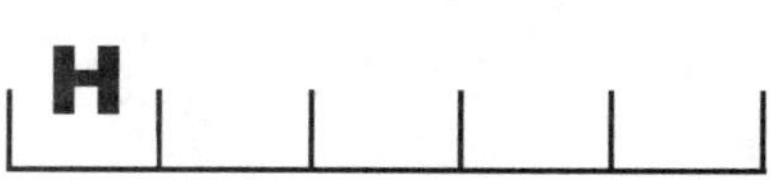

32

Pour obtenir ce solide,
quelle figure devez-vous replier ?

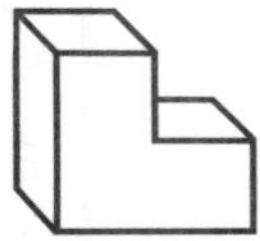

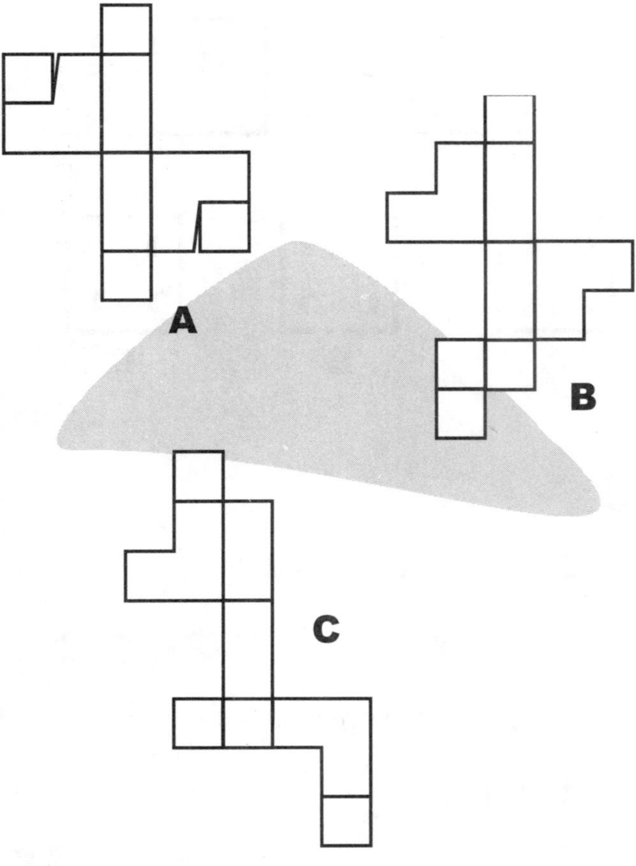

33

Quel carré manque ?

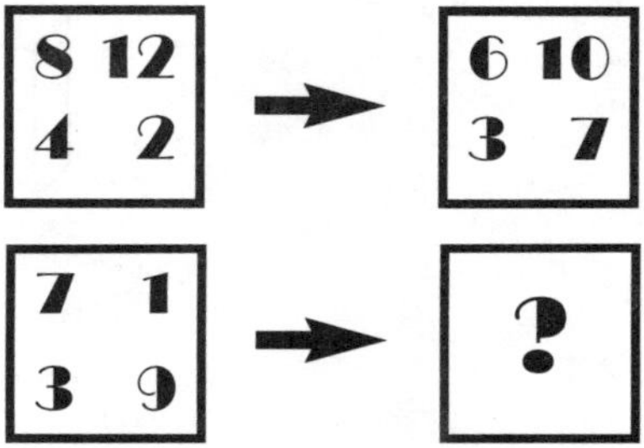

A	B	C
6 0 / 2 8	5 4 / 6 5	4 5 / 1 0

34

BREBIS SCRIPT

DURANT BORGNE...

Quel mot peut poursuivre la série ?

CHAPON

CORYZA

BRAISE

35

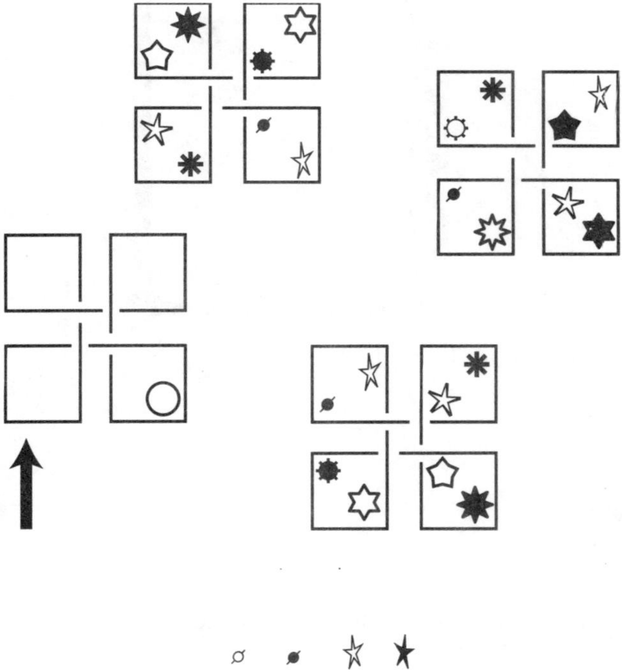

D'après les cases déjà remplies, quelle figure va dans la case indiquée par la flèche ?

36

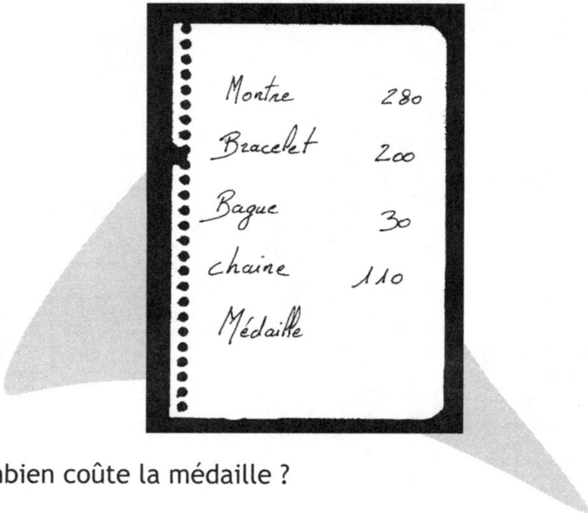

Combien coûte la médaille ?

37

Combien y a-t-il de régions différentes dans cette figure ?

38

Selon les nombres déjà posés, quel nombre manque ?

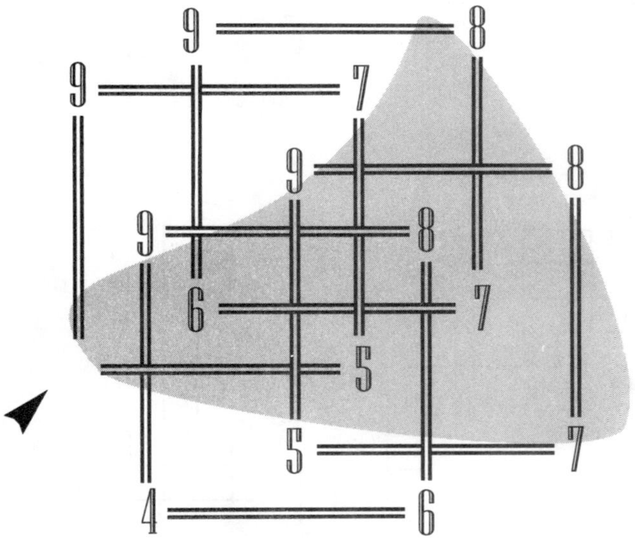

39

Dans l'ordre alphabétique, quel est le premier mot courant de six lettres commençant par F ?

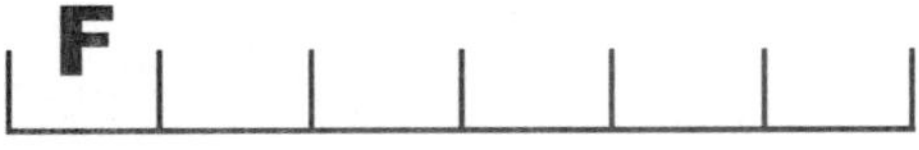

40

Pour obtenir ce solide,
quelle figure devez-vous replier ?

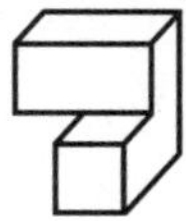

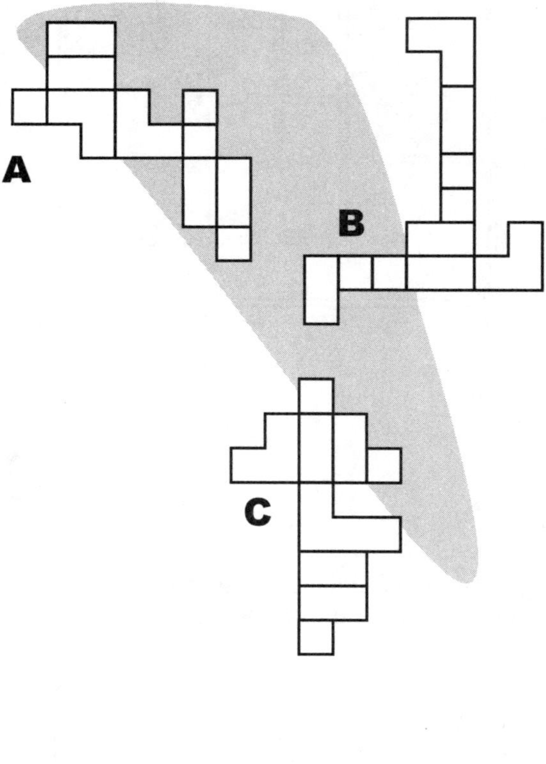

test de QI n°8

1

Quel carré manque ?

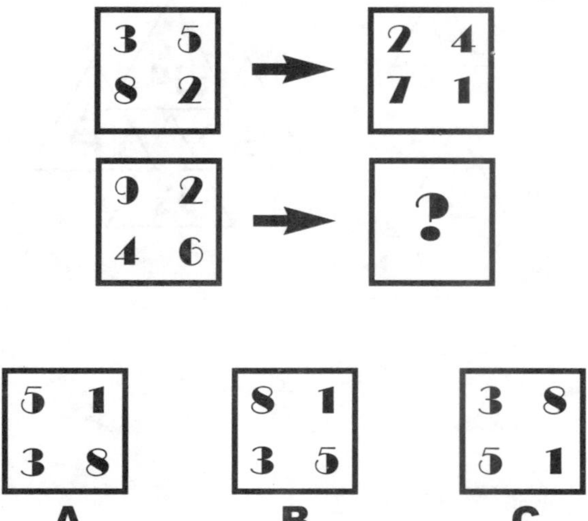

2

Vous n'avez pas besoin de

A B C D E
G H J K M
N O P Q R
S T U V W
X Y Z

pour écrire un mot courant de trois lettres :

3

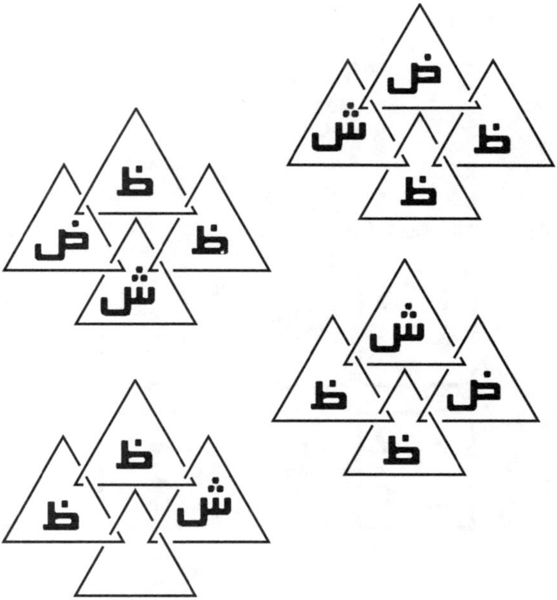

Quel symbole a été omis ?

4

Soulignez deux synonymes.

COMPLICE COMPAGNON COMPARSE ASSISTANT DOUBLURE FIGURANT

5

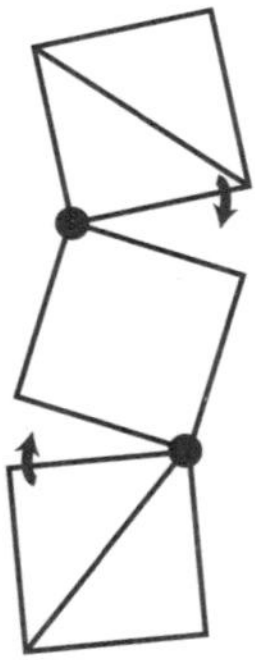

Imaginez que les carrés pivotent pour recouvrir exactement le carré central.
En combien de régions celui-ci sera-t-il divisé ?

6

25 23 21 19 ...

Quel nombre peut poursuivre la série ?

17 15 17

7

Dans l'ordre alphabétique, quel mot courant se trouve entre :

DÉCIDE

_ _ _ _ _ _ _ _ _ _

et **DÉCIDER ?**

8

Combien comptez-vous de régions blanches différentes à l'intérieur du cadre ?

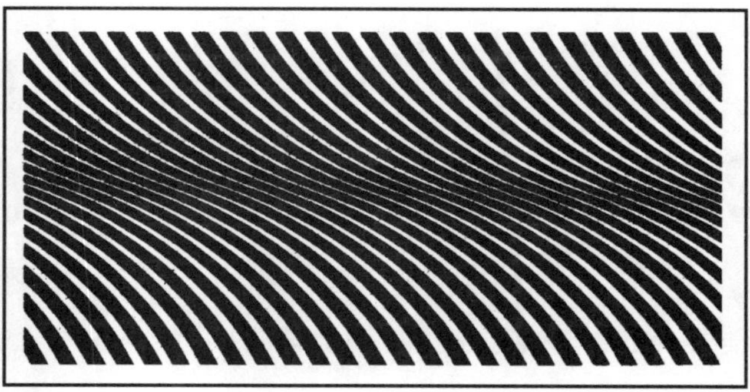

9

Quel carré manque ?

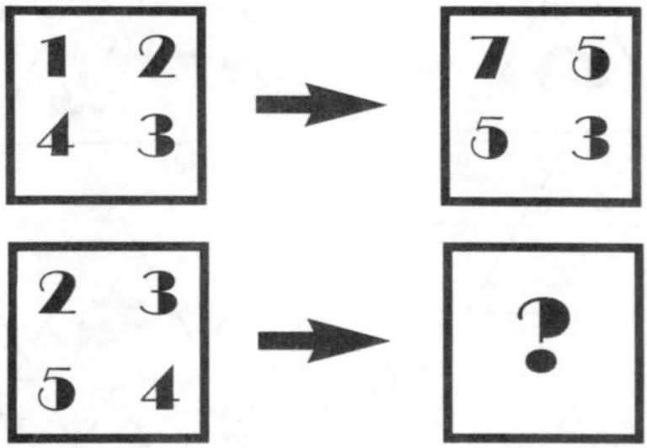

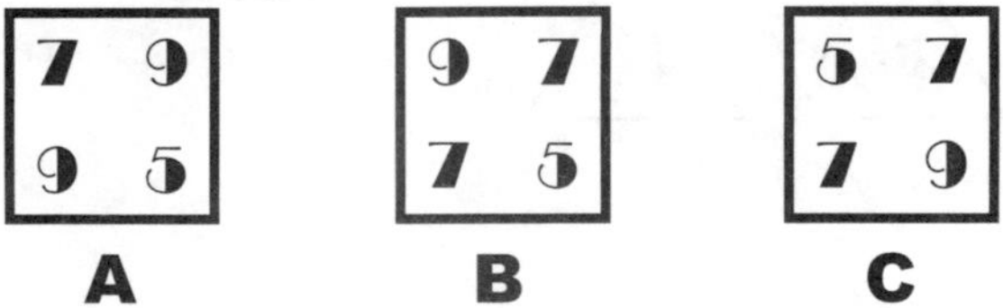

10

Vous n'avez pas besoin de

B C D E F
G H I K L
M N O P Q
R S T U V
W X Y

pour écrire un mot courant de quatre lettres :

11

Quel symbole a été omis ?

12

Soulignez deux synonymes.

FIDÈLE ADMIRATIF FERVENT FIER
FIÉVREUX PASSIONNÉ

13

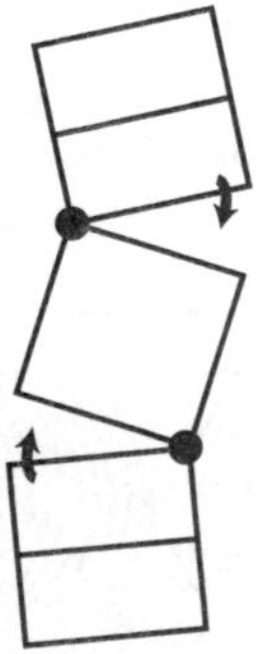

Imaginez que les carrés pivotent pour recouvrir exactement le carré central.
En combien de régions celui-ci sera-t-il divisé ?

14

Quel nombre peut poursuivre la série ?

15

Dans l'ordre alphabétique, quel mot courant se trouve entre :

OPUSCULE

_ _ _ _ _ _ _ _ _ _

et **ORACLE ?**

16

Combien comptez-vous de régions blanches différentes à l'intérieur du cadre ?

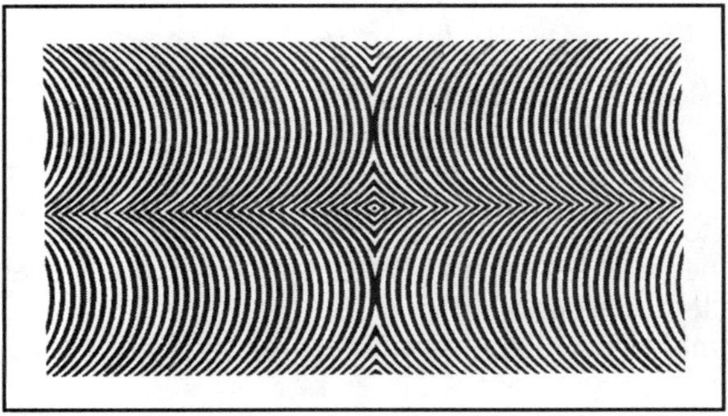

17

Quel carré manque ?

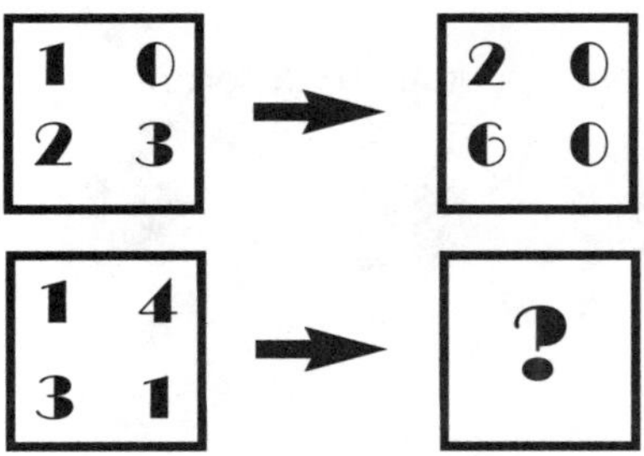

A **B** **C**

18

Vous n'avez pas besoin de

B C D F H
I J K L O
P Q R U V
W X Z

pour écrire un mot courant de huit lettres :

19

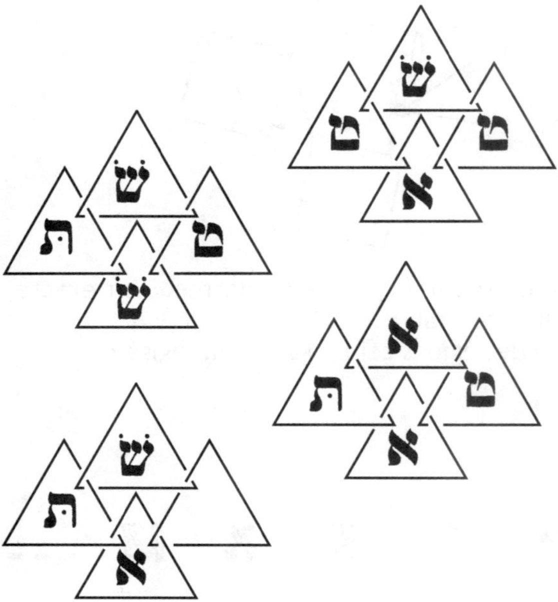

ט ש א ת

Quel symbole a été omis ?

20

Soulignez deux synonymes.

MÉCHANT IMPATIENT AGRESSIF
MALVEILLANT SOUCIEUX IMPULSIF

21

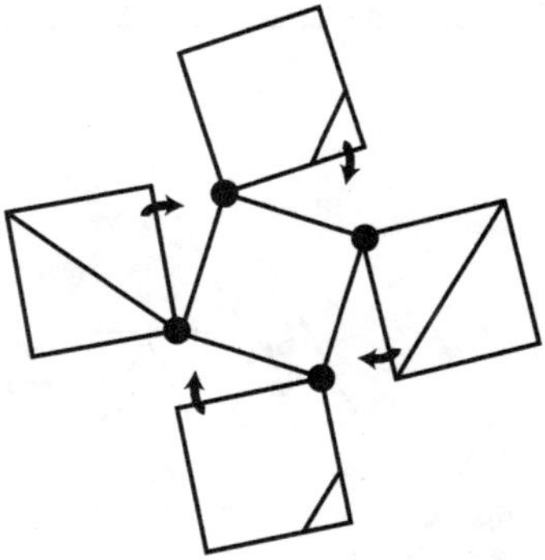

Imaginez que les carrés pivotent pour recouvrir exactement le carré central.
En combien de régions celui-ci sera-t-il divisé ?

22

1 2 3 5 8 13 ...

Quel nombre peut poursuivre la série ?

21 21 23 23

23

Dans l'ordre alphabétique, quel mot courant se trouve entre :

KILOWATT

_ _ _ _ _ _ _ _ _

et **KIMONO ?**

24

Combien comptez-vous de régions blanches différentes à l'intérieur du cadre ?

25 Quel carré manque ?

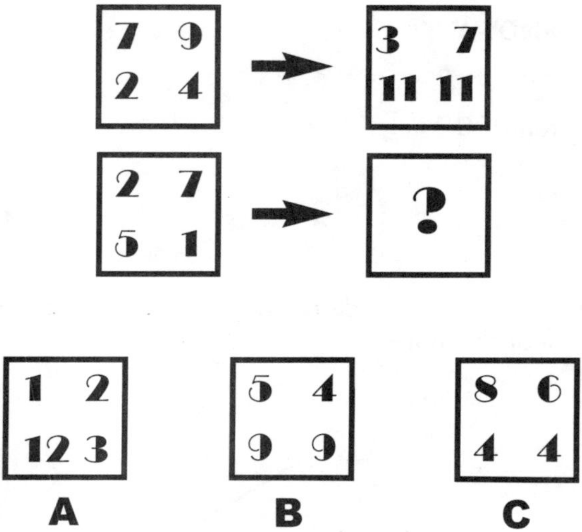

26 Vous n'avez pas besoin de

A G M S Y
Z T V W X
R K F D C
B H N O P
J I

pour écrire un mot courant de sept lettres :

27

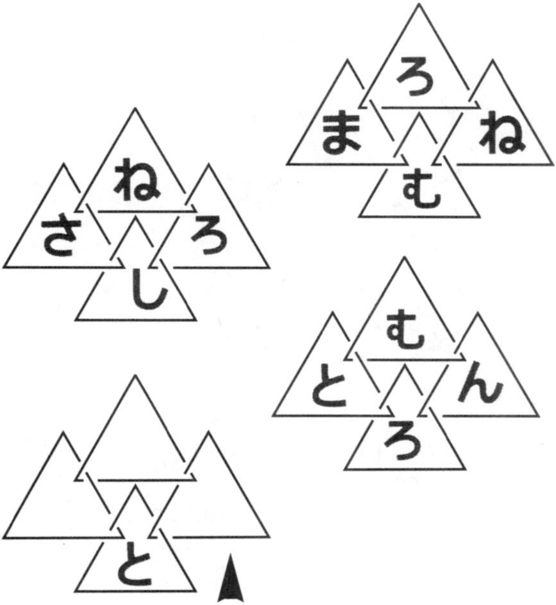

ん　さ　ひ

Quel symbole vient dans la case indiquée par la flèche ?

28

Soulignez deux synonymes.

BOULEVERSER CHARMER PLAIRE ENCHANTER ENRÔLER SURPRENDRE

29

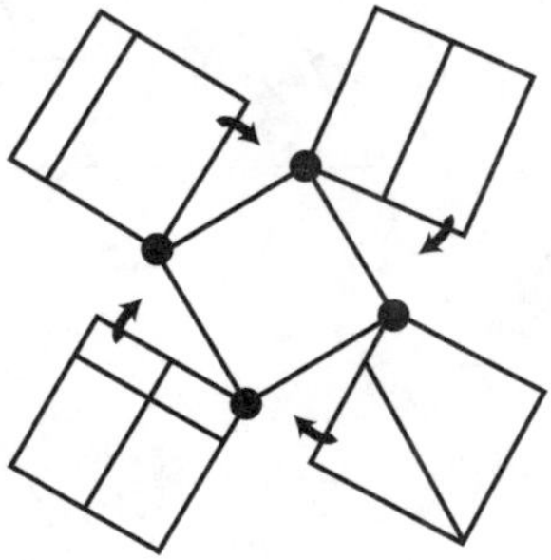

Imaginez que les carrés pivotent pour recouvrir exactement le carré central.
En combien de régions celui-ci sera-t-il divisé ?

30

Quel nombre peut poursuivre la série ?

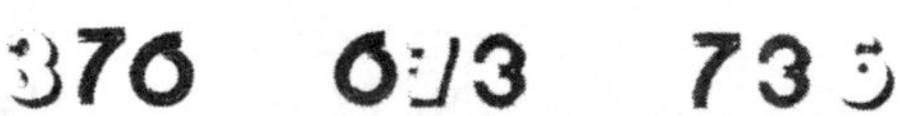

31

Dans l'ordre alphabétique, quel mot courant se trouve entre :

MARASQUIN

_ _ _ _ _ _ _ _ _

et **MARÂTRE ?**

32

Combien comptez-vous de régions blanches différentes à l'intérieur du cadre ?

33

Quel carré manque ?

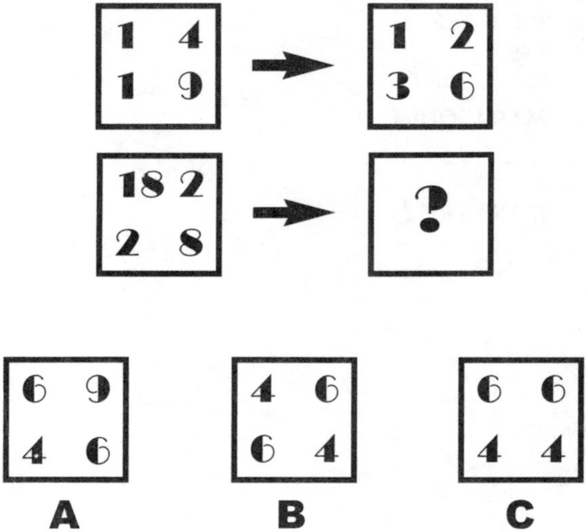

34

Vous n'avez pas besoin de

A B F L G
C D H M R
Z V N J E
K P W X Q
Y

pour écrire un mot courant de huit lettres :

35

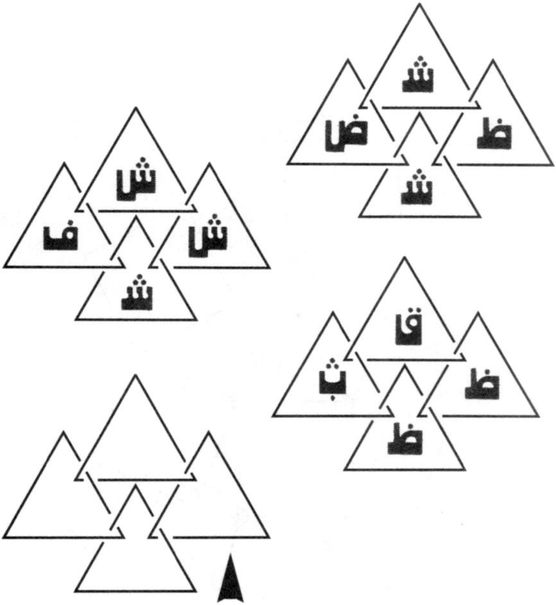

Quel symbole vient dans la case indiquée par la flèche ?

36

Soulignez deux synonymes.

ENVOYER LICENCIER RÉPRIMANDER
SUPPRIMER CONGÉDIER RETARDER

37

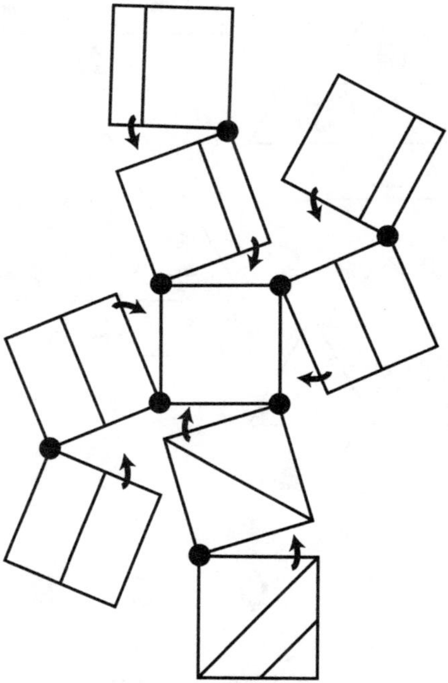

Imaginez que les carrés pivotent pour recouvrir exactement le carré central.
En combien de régions celui-ci sera-t-il divisé ?

38

Quel nombre peut poursuivre la série ?

39

Dans l'ordre alphabétique, quel mot courant se trouve entre :

SARABANDE

_ _ _ _ _ _ _ _

et **SARCASME ?**

40

Combien comptez-vous de régions blanches différentes à l'intérieur du cadre ?

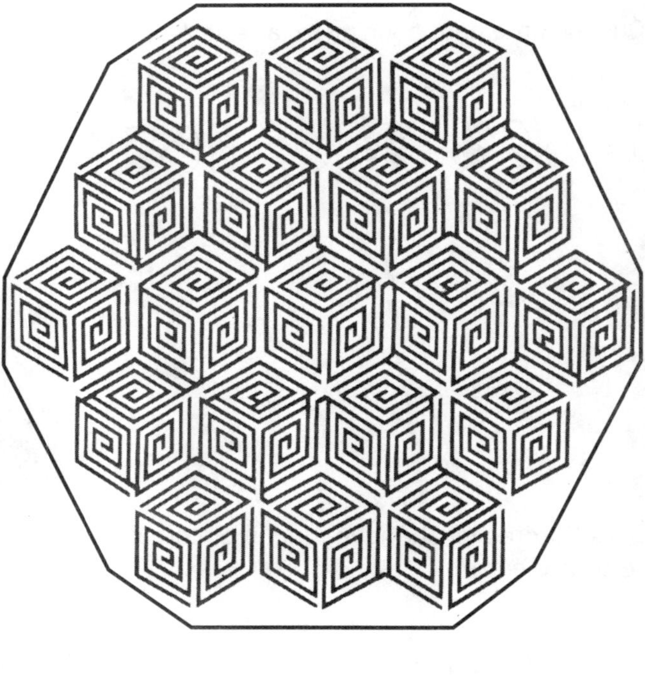

test de QI n°9

1

Quel nombre manque ?

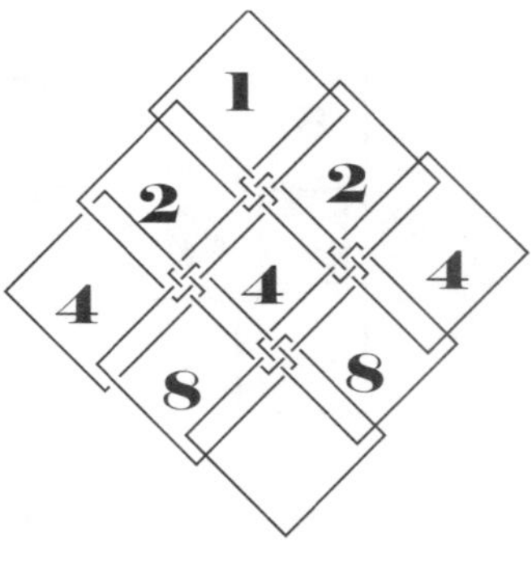

2 SACRE ARENE RENAL...

Quel mot peut poursuivre la série ?

RELAI RALER

RENNE

3

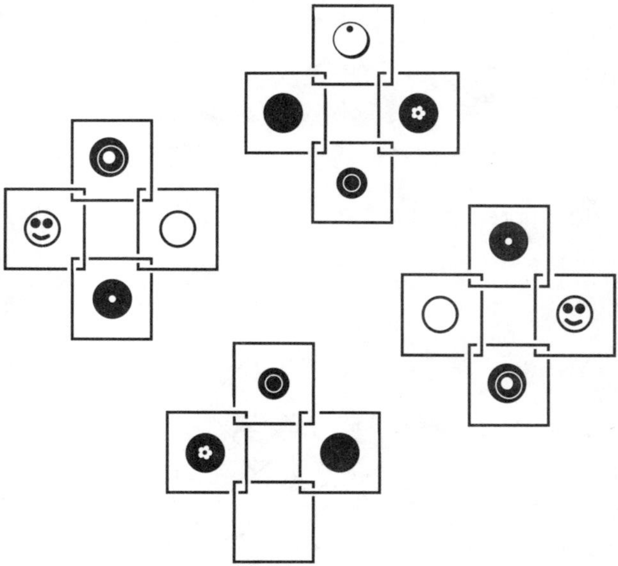

Quel symbole manque ?

4

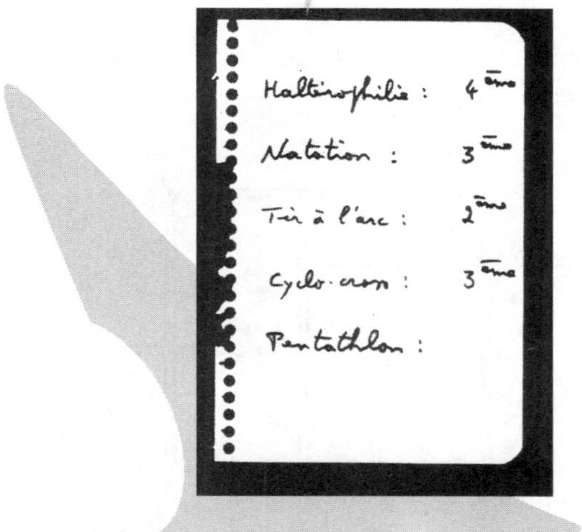

Quel nombre manque ?

5

Ce dessin est composé de bandes entrelacées.
Combien comptez-vous de bandes différentes ?

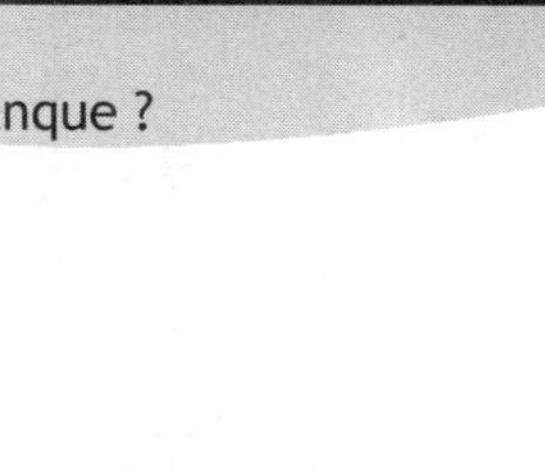

6

Selon les nombres déjà placés, quel nombre occupe la place indiquée ?

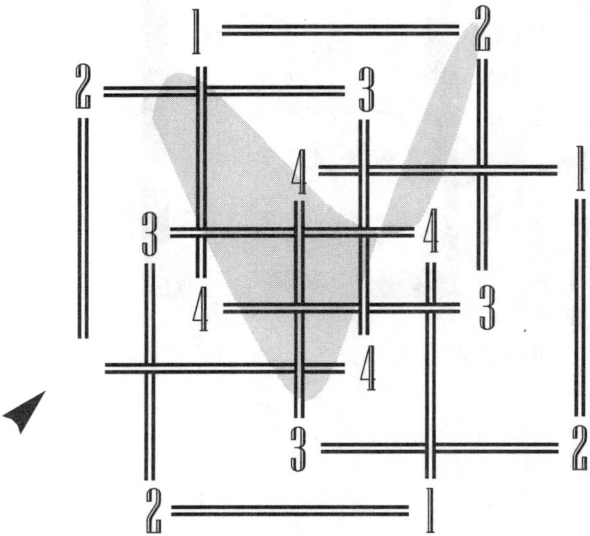

7

Dans l'ordre alphabétique, quel est le premier mot courant de deux lettres commençant par L ?

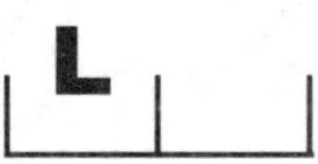

8

Combien ce solide a-t-il de faces ?

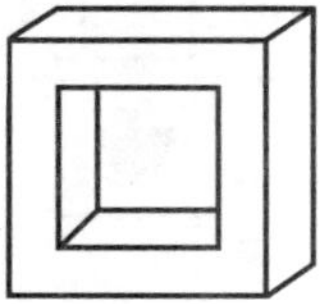

9

Quel nombre manque ?

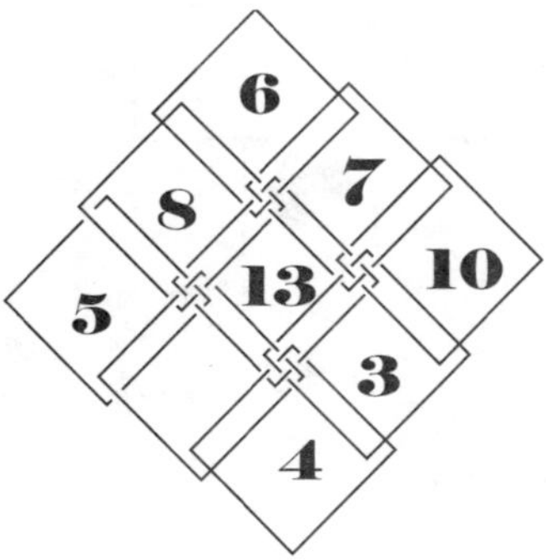

10

Quel mot peut poursuivre la série ?

11

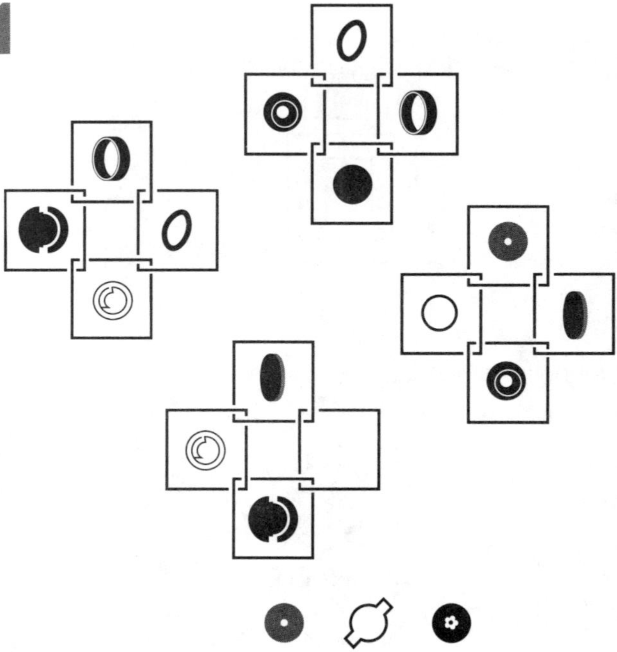

Quel symbole manque ?

12

Quel nombre manque ?

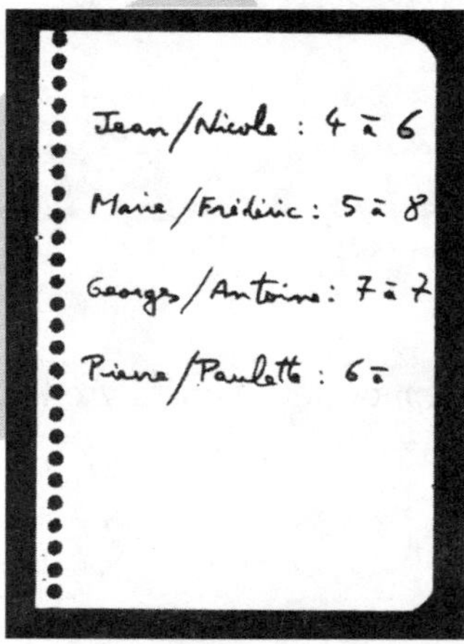

13

Ce dessin est composé de bandes entrelacées.
Combien comptez-vous de bandes différentes ?

14

Selon les nombres déjà placés, quel nombre occupe la place indiquée ?

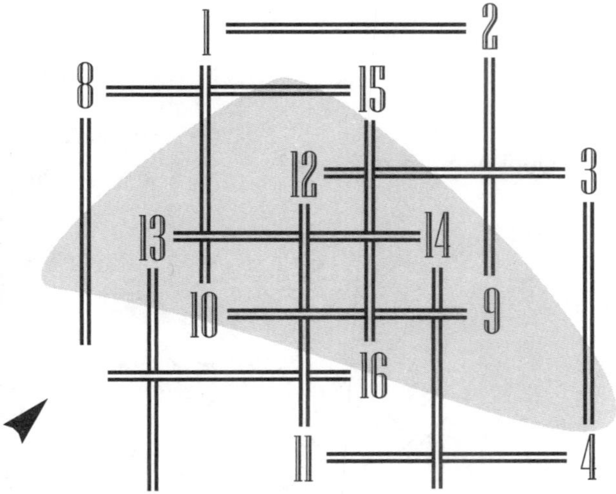

15

Dans l'ordre alphabétique, quel est le premier mot courant de trois lettres commençant par S ?

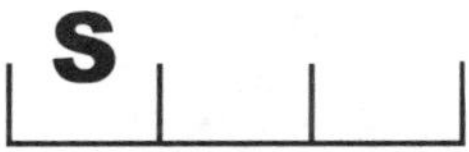

16

Combien ce solide a-t-il de faces ?

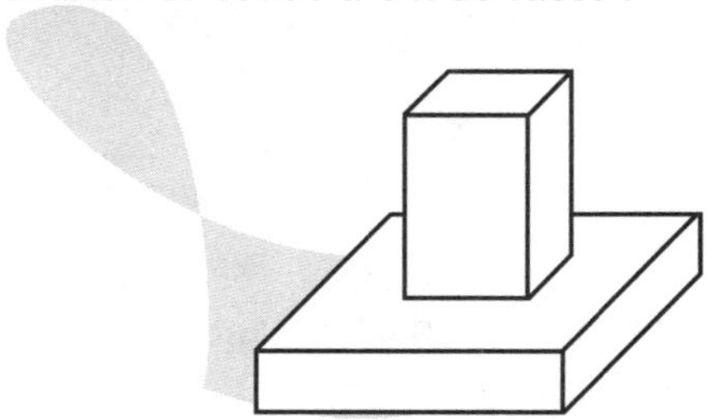

17

Quel nombre manque ?

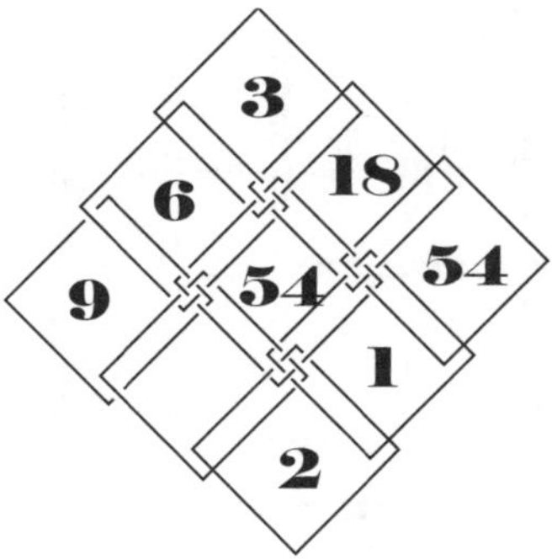

18

bavette atteint
enroler...

Quel mot peut poursuivre la série ?

negatif reprise origine

19

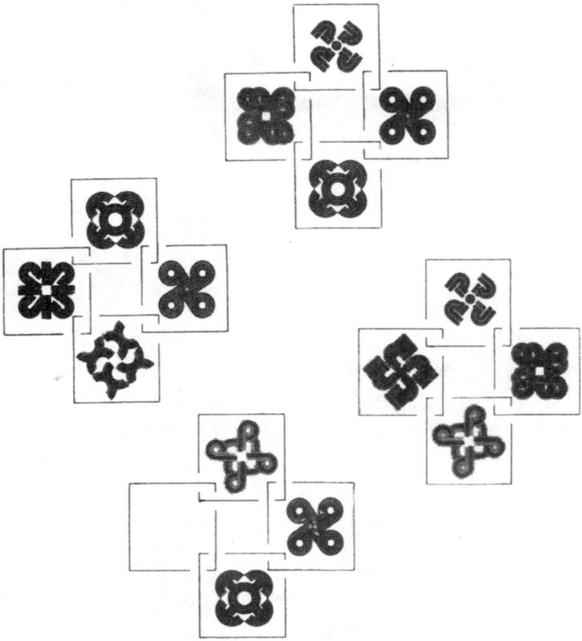

Quel symbole manque ?

20

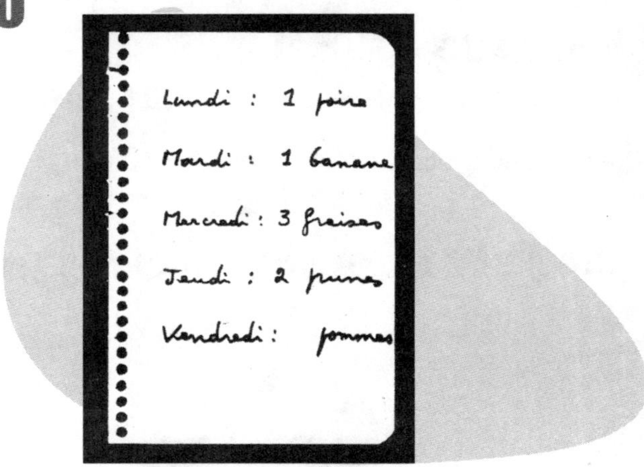

Quel nombre manque ?

21

Ce dessin est composé de bandes entrelacées.
Combien comptez-vous de bandes différentes ?

22

Selon les nombres déjà placés, quel nombre occupe la place indiquée ?

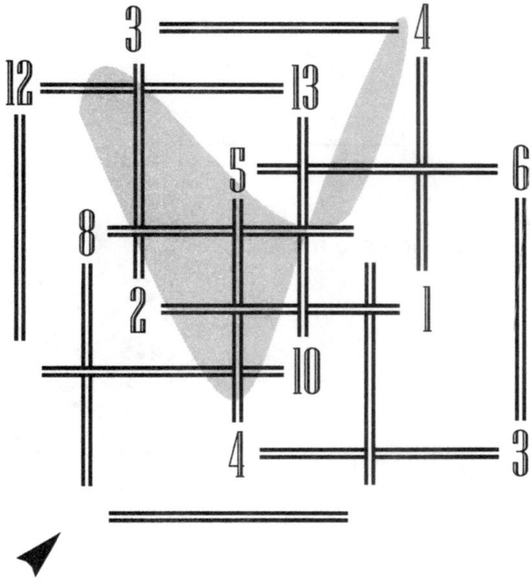

23

Dans l'ordre alphabétique, quel est le premier mot courant de cinq lettres commençant par T ?

24

Combien ce solide a-t-il de faces ?

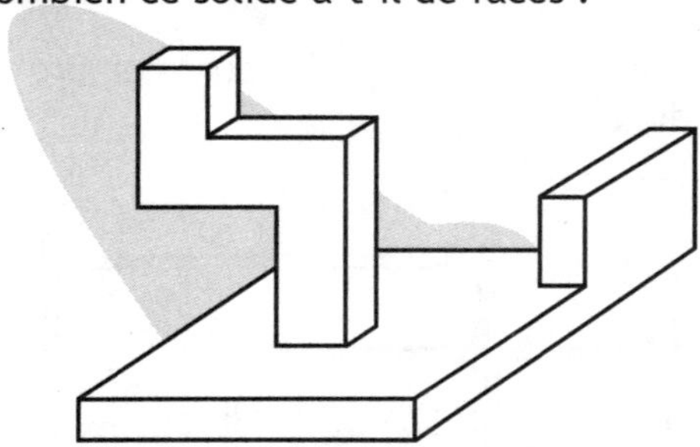

25

Quel nombre manque ?

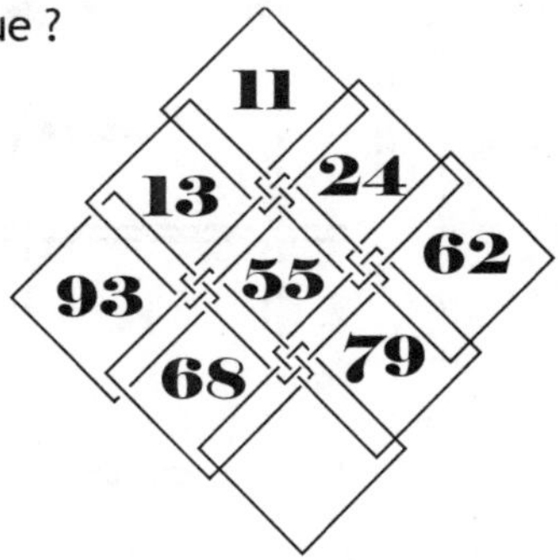

26

VIGNE

NIECE

CENSE...

Quel mot peut poursuivre la série ?

ENCAN SENAT NEFLE

27

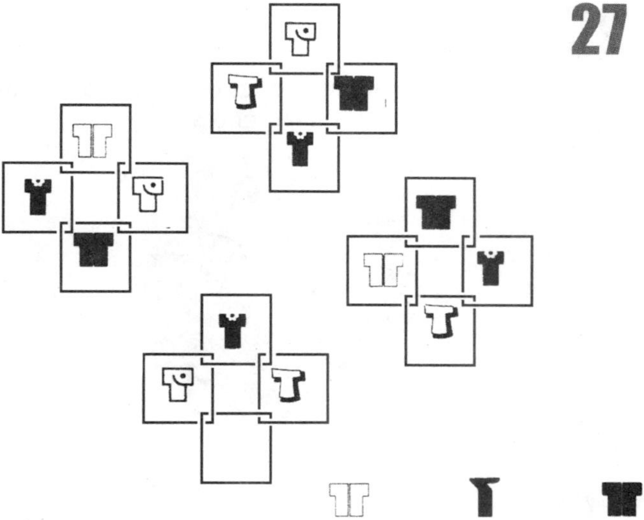

Quel symbole manque ?

28

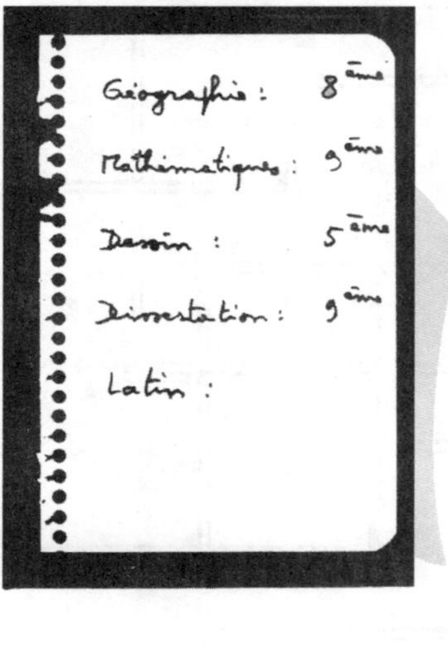

Quel nombre manque ?

29

Ce dessin est composé de bandes entrelacées. Combien comptez-vous de bandes différentes ?

30

Selon les nombres déjà placés, quel nombre occupe la place indiquée ?

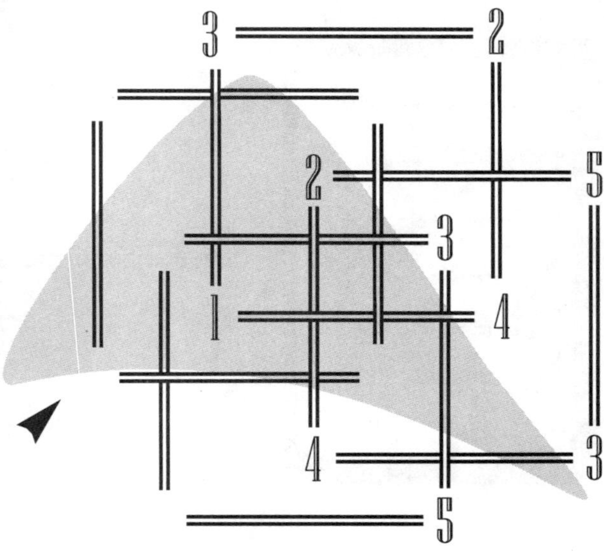

31

Dans l'ordre alphabétique, quel est le premier mot courant de quatre lettres commençant par F ?

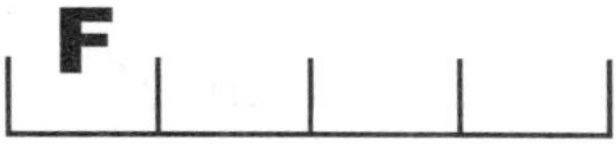

32

Combien ce solide a-t-il de faces ?

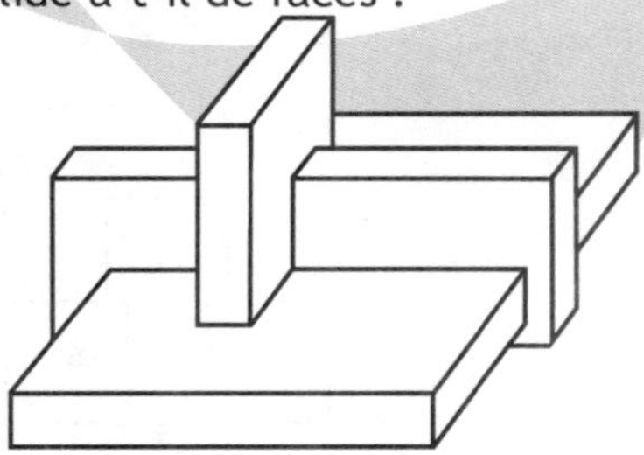

33

Quel nombre manque ?

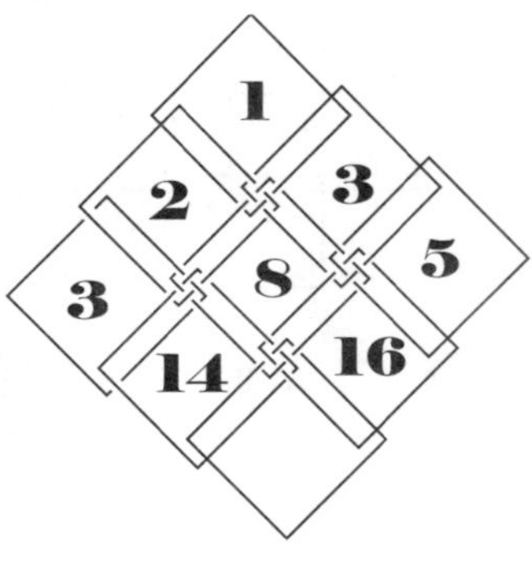

34 SACRE ARENE

RENAL...

Quel mot peut poursuivre la série ?

RALER RALER RALER

35

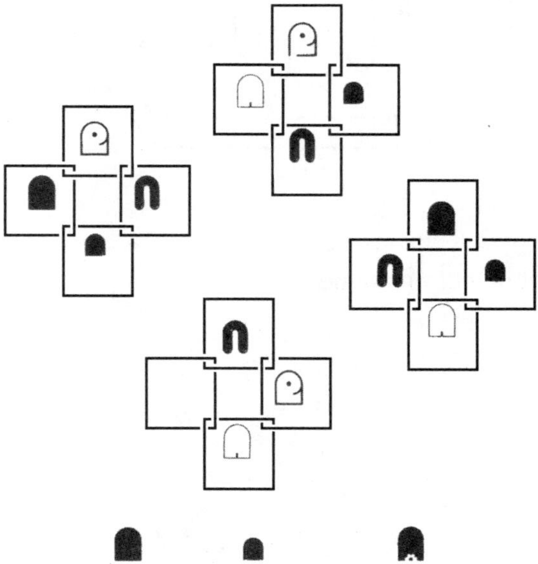

Quel symbole manque ?

36

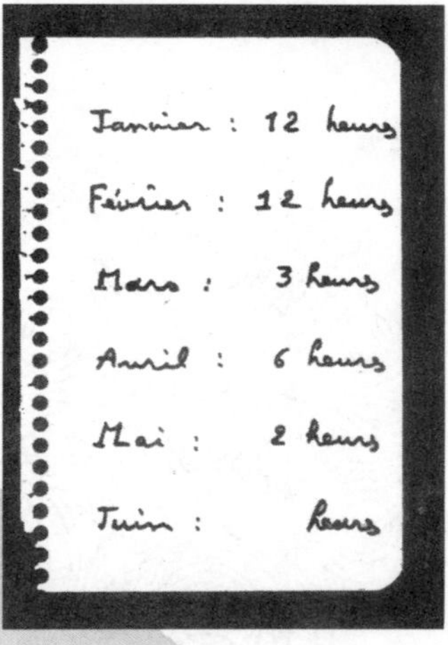

Quel nombre manque ?

37

Ce dessin est composé de bandes entrelacées.
Combien comptez-vous de bandes différentes ?

38

Selon la logique des nombres déjà placés, quel nombre occupe la place indiquée ?

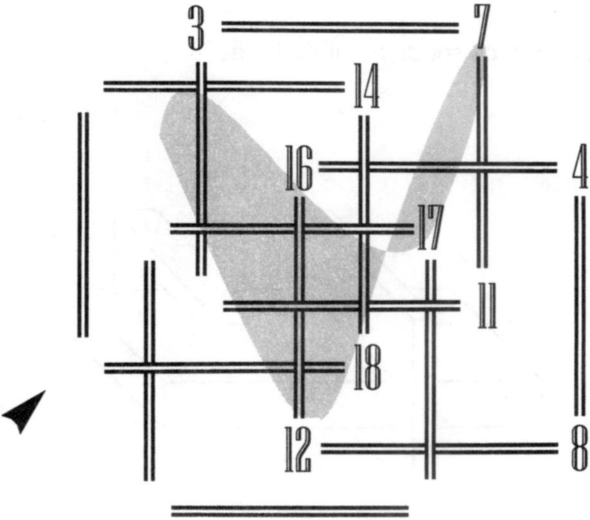

39

Dans l'ordre alphabétique, quel est le premier mot courant de six lettres commençant par S ?

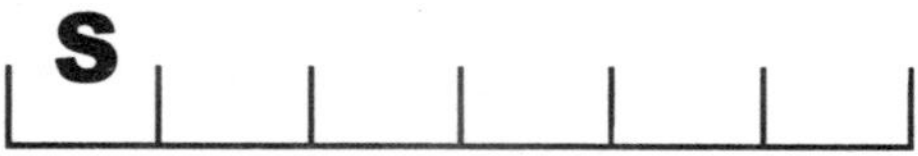

40

Combien ce solide a-t-il de faces ?

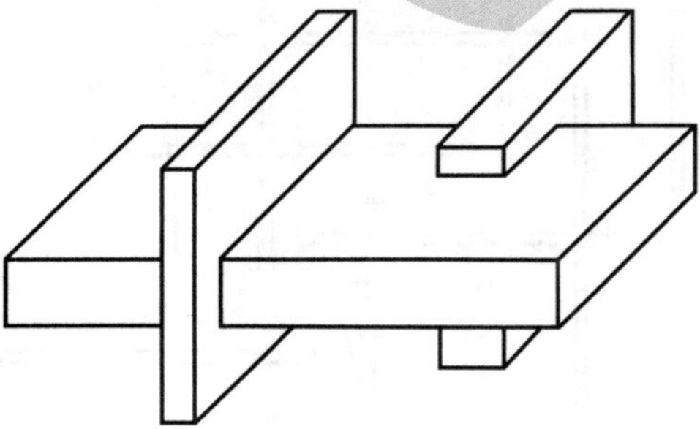

test de QI n°10

1

3 4 5 6 ...

Quel nombre peut poursuivre la série ?

7 7 8

2 Vous n'avez pas besoin de

A B C G H
J K L M N
O P Q R S
T U V W X
Y Z

pour écrire un mot courant de quatre lettres :

3

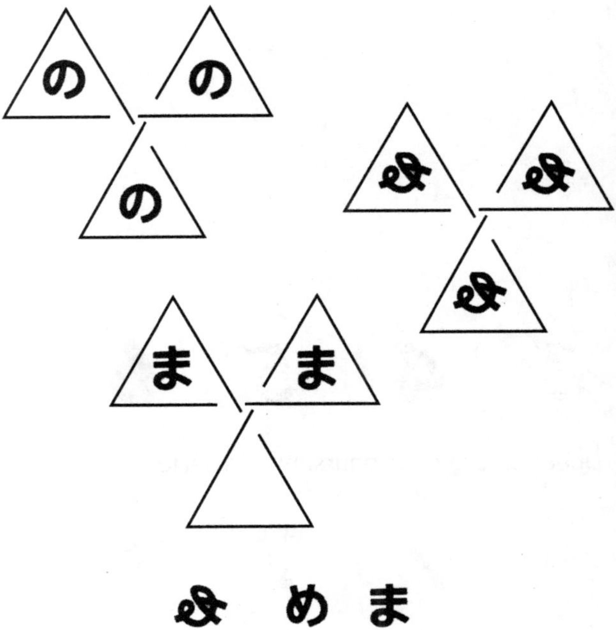

Quel symbole a été omis ?

4

ANANAS BARBES FINIS ALBATROS

Quel mot appartient à cette famille ?

MATURE OMNIBUS EMPRUNT

5

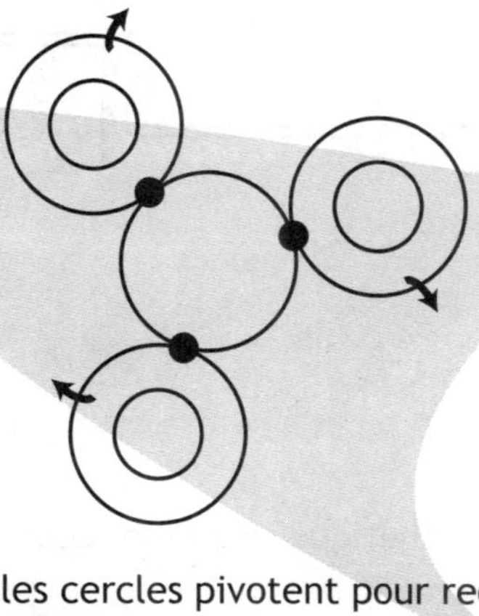

Imaginez que les cercles pivotent pour recouvrir exactement le cercle central.
En combien de régions celui-ci sera-t-il divisé ?

6

Selon les nombres déjà posés, quel nombre manque ?

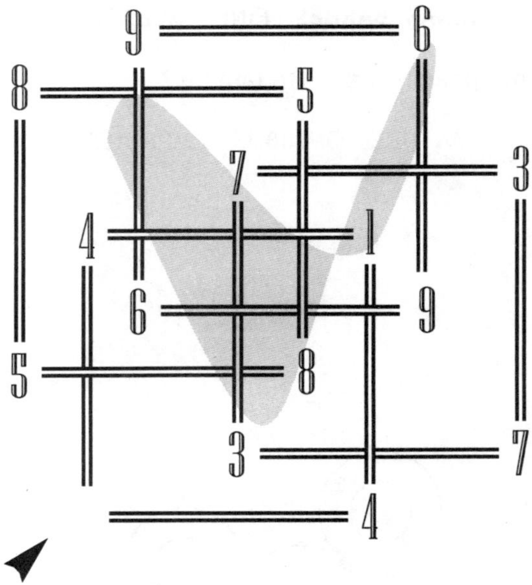

7

Dans l'ordre alphabétique, quel mot courant se trouve entre :

LARBIN

_ _ _ _ _ _ _ _ _

et **LARD ?**

8

Ce dessin est composé de bandes entrelacées.
Combien comptez-vous de bandes différentes ?

9

1 3 5 4 6 5 ...

Quel nombre peut poursuivre la série ?

6 4 8 7

10

Vous n'avez pas besoin de

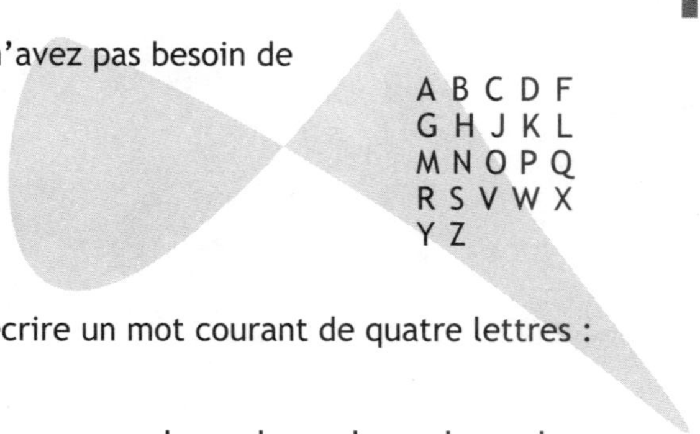

A B C D F
G H J K L
M N O P Q
R S V W X
Y Z

pour écrire un mot courant de quatre lettres :

11

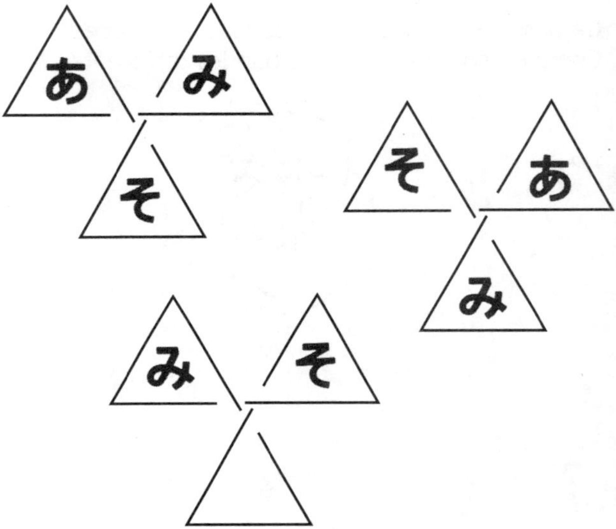

あ　　み　　そ

Quel symbole a été omis ?

12

SUCRE NEIGE QUARTZ SEL

Quel mot appartient à cette famille ?

EAU VERRE BOIS DIAMANT

13

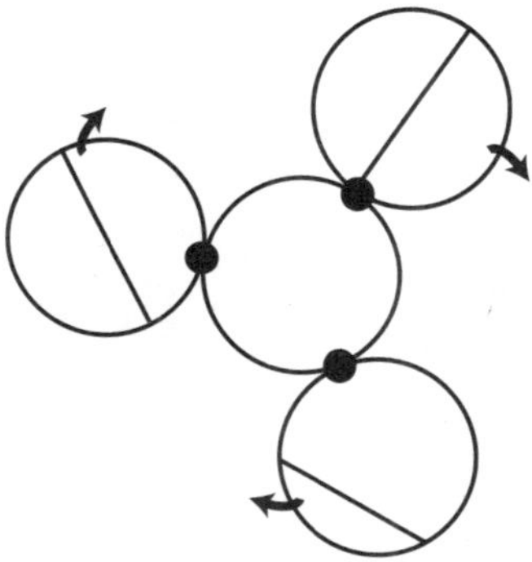

Imaginez que les cercles pivotent pour recouvrir exactement le cercle central.
En combien de régions celui-ci sera-t-il divisé ?

14

Selon les nombres déjà posés, quel nombre manque ?

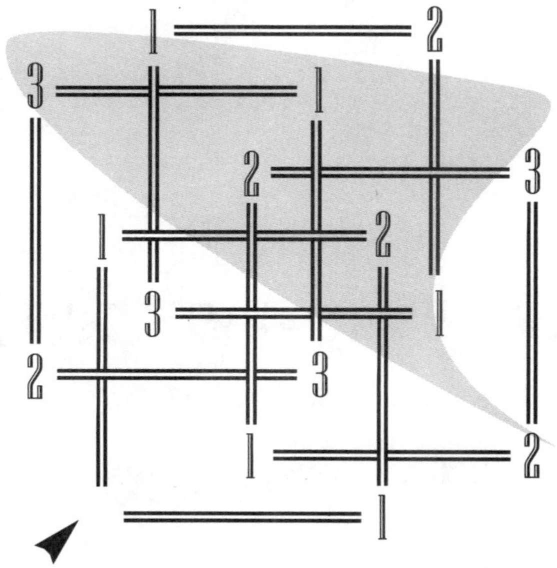

15

Dans l'ordre alphabétique, quel mot courant se trouve entre :

INTERMONDE

_ _ _ _ _ _ _ _ _

et **INTERNATIONAL ?**

16

Ce dessin est composé de bandes entrelacées. Combien comptez-vous de bandes différentes ?

17

Quel nombre peut poursuivre la série ?

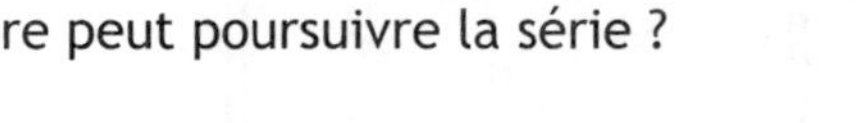

18

Vous n'avez pas besoin de

Y T X L S
W E J R V
D H Q U Z
C G P B F
A

pour écrire un mot courant de six lettres :

19

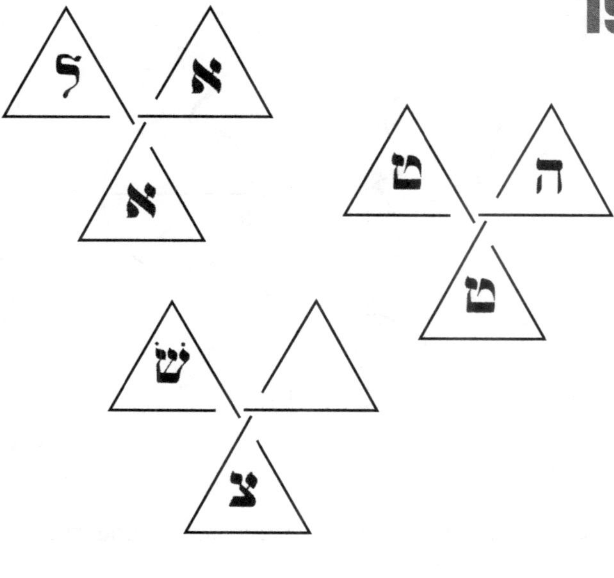

Quel symbole a été omis ?

20

MARTEAU FORÊT GUITARE PAPIER

Quel mot appartient à cette famille ?

FER CANON PARQUET RAIL AMPOULE

21

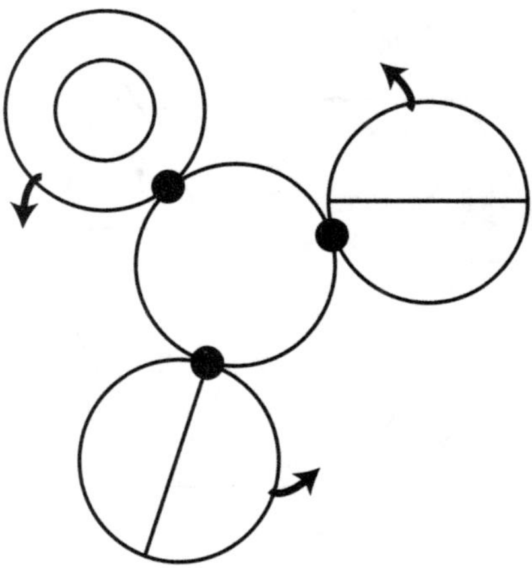

Imaginez que les cercles pivotent pour recouvrir exactement le cercle central.
En combien de régions celui-ci sera-t-il divisé ?

22

Selon les nombres déjà posés, quel nombre manque ?

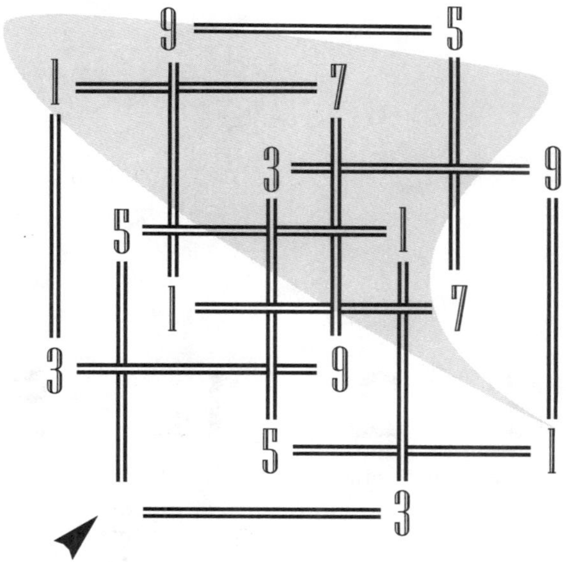

23

Dans l'ordre alphabétique, quel mot courant se trouve entre :

HORLOGERIE

_ _ _ _ _ _ _ _ _

et **HORMONAL ?**

24

Ce dessin est composé de bandes entrelacées. Combien comptez-vous de bandes différentes ?

25

${}_{4}8$ 2_{4} 1_{8} ${}_{6}5$

Quel nombre peut poursuivre la série ?

1_{1} ${}_{4}1$ ${}_{1}9$

26

Vous n'avez pas besoin de

A B G L H
C D I N T
Y U P J F
K Q V Z W
R X

pour écrire un mot courant de six lettres :

27

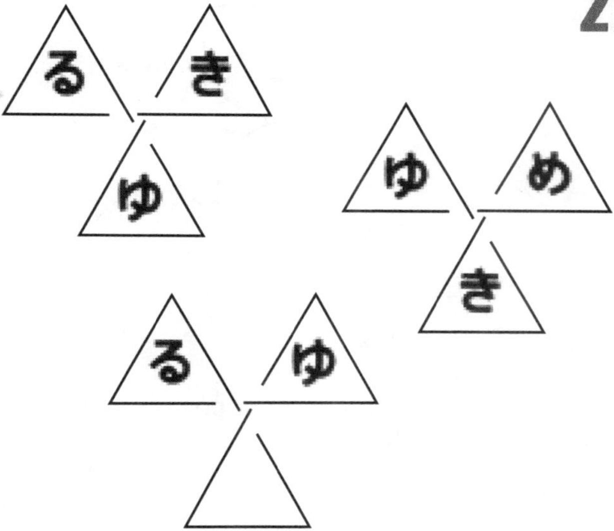

き め ひ

Quel symbole a été omis ?

28

CHARBON FER ARGENT OR

Quel mot appartient à cette famille ?

PLOMB DIAMANT ALUMINIUM ZINC

29

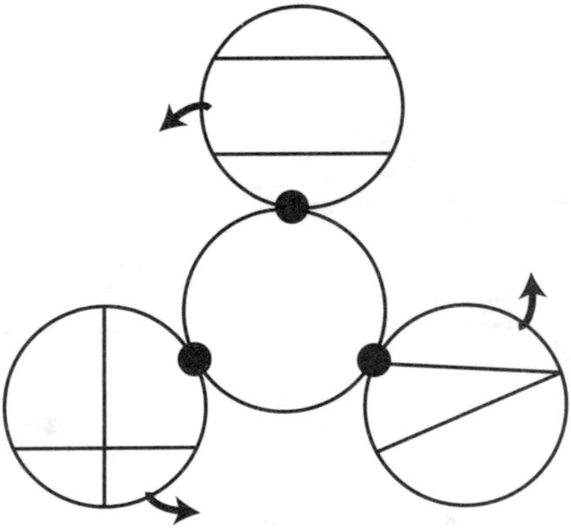

Imaginez que les cercles pivotent pour recouvrir exactement le cercle central.
En combien de régions celui-ci sera-t-il divisé ?

30

Selon les nombres déjà posés, quel nombre manque ?

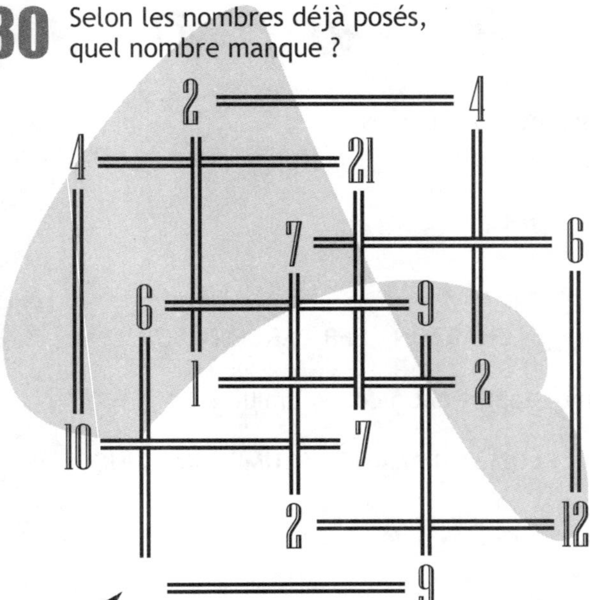

31

Dans l'ordre alphabétique, quel mot courant se trouve entre :

GUERET

_ _ _ _ _ _ _ _ _

et **GUERILLA ?**

32

Ce dessin est composé de bandes entrelacées. Combien comptez-vous de bandes différentes ?

33

205 631 427 858 ...

Quel nombre peut poursuivre la série ?

649 794 674

34

Vous n'avez pas besoin de

Y T Z U M
G N V W P
H A B J Q
X S K D E
L F

pour écrire un mot courant de huit lettres :

35

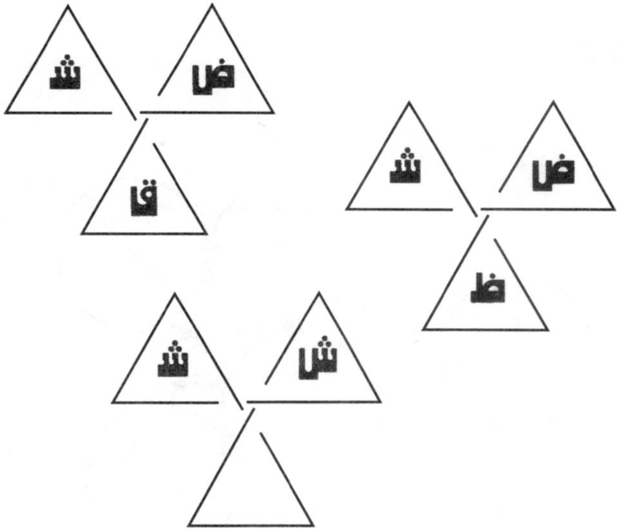

Encerclez le symbole omis.

36

ANARCHIE ENFANTIN ANAPHYLAXIE
INSTINCTIF PNEUMONIE ANTIPATHIE

Quel mot appartient à cette famille ?

INTENTION INVENTIF INJURE APATHIE

37

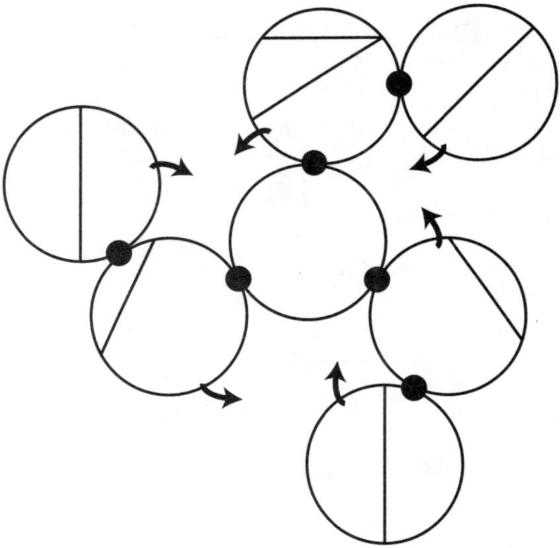

Imaginez que les cercles pivotent pour recouvrir exactement le cercle central.
En combien de régions celui-ci sera-t-il divisé ?

38

Selon les nombres déjà posés, quel nombre manque ?

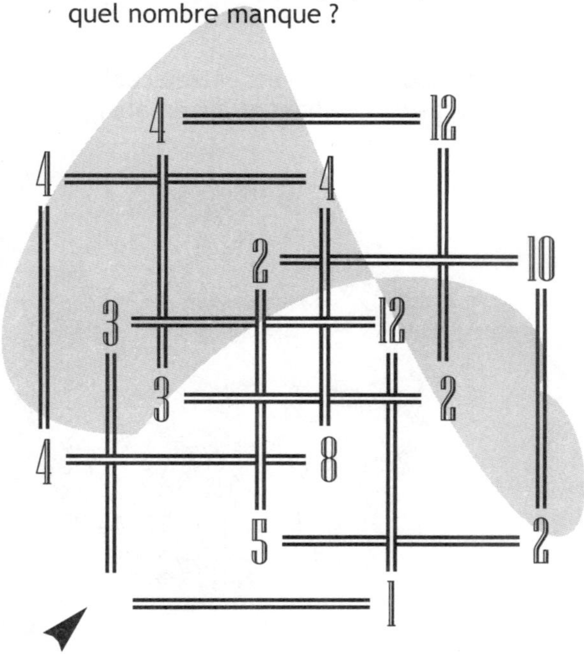

39

Dans l'ordre alphabétique, quel mot courant se trouve entre :

ESPIONNER

_ _ _ _ _ _ _ _ _

et **ESPOIR ?**

40

Ce dessin est composé de bandes entrelacées.
Combien comptez-vous de bandes différentes ?

test de QI n° 11

1

Quel nombre manque ?

5 7 . 17 25 35

2

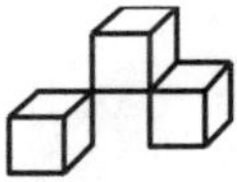

Voici un assemblage de trois cubes égaux.
Laquelle des trois figures ci-dessous le représente, vu sous un angle différent ?

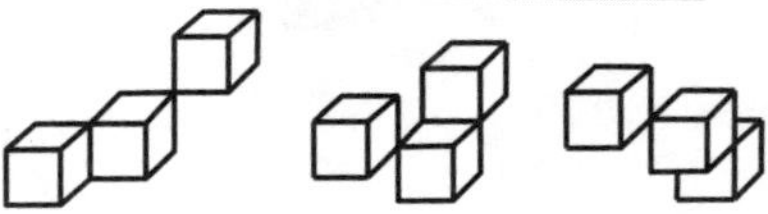

A B C

3

Parmi ces mots, deux sont composés des mêmes neuf lettres. Lesquels ?

RESSORTIS
TRESORIER
TERRORISE
SOTTISIER

4

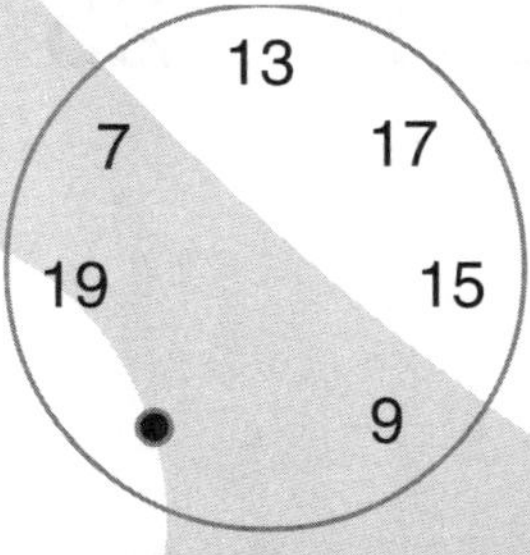

Quel nombre manque ?

5

Un bouquet contient :

5 ROSES
8 PIVOINES
4 IRIS
10 JONQUILLES

Combien peut-on lui ajouter de

TULIPES ?

6

 est à 

ce que  est à ...

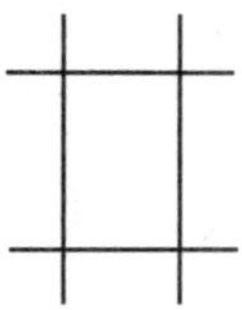

A

B

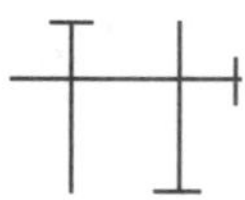

C

7

En changeant la première lettre de chaque mot, retrouvez une phrase de Jules Renard.

MI RAMAIS ANE GEMME SE LAIT POURIR, NE FERA LE PIRE.

8

Quel nombre peut poursuivre cette série ?

12 19 6 17 8 ...

9

Quel nombre manque ?

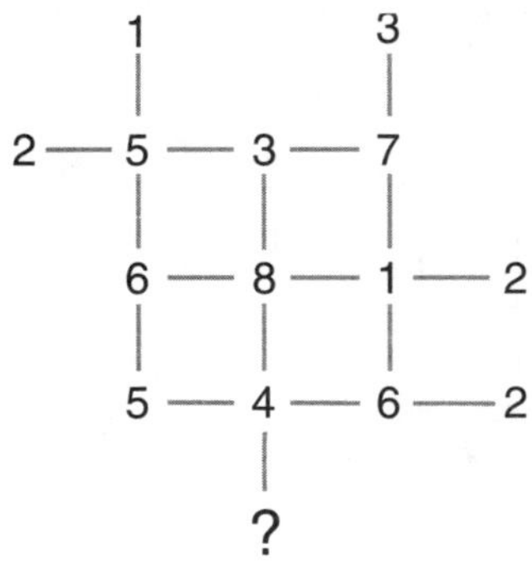

10

Un bouquet se compose de :

3 CAPUCINES
13 MYOSOTIS
7 GUEULES-DE-LOUP
15 OEILLETS

Combien ajouter de

PETUNIAS ?

11

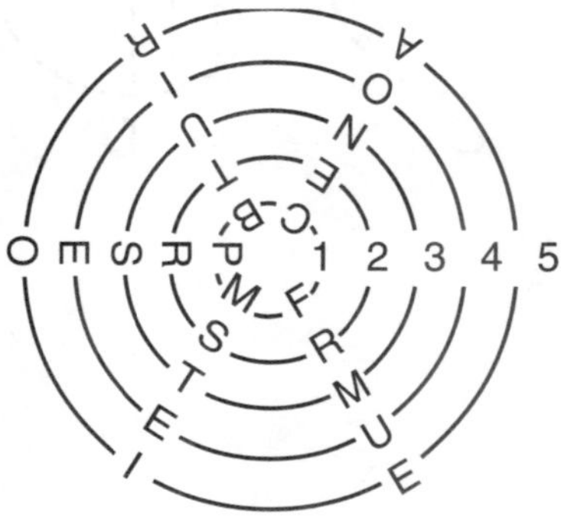

Deux des cinq cercles sont à échanger pour lire un mot sur chaque rayon, de l'intérieur vers l'extérieur. Quels cercles ?

12

Quelle figure diffère des trois autres ?

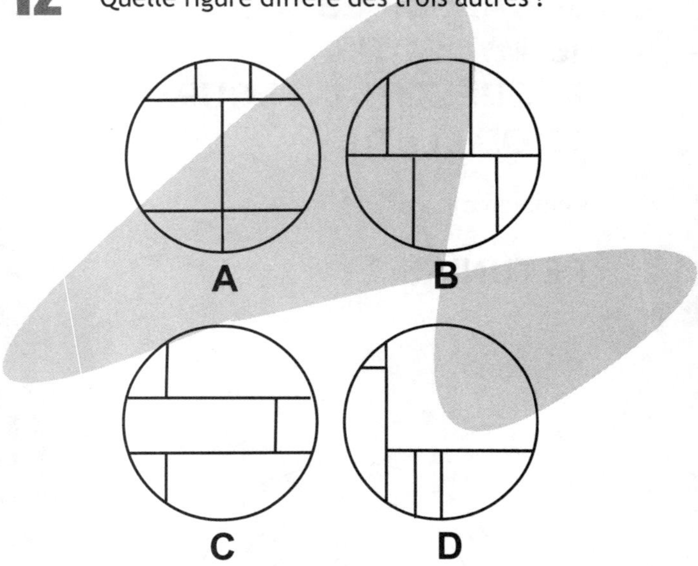

13

En changeant la première lettre de chaque mot, retrouvez une phrase de Tristan Bernard.

SE DOMPTER RUE MUR LOI SEME UT MNCORE BAS FEAUCOUP.

14

Cette figure a été retournée recto-verso, puis tournée. Laquelle des quatre figures ci-dessous la représente ?

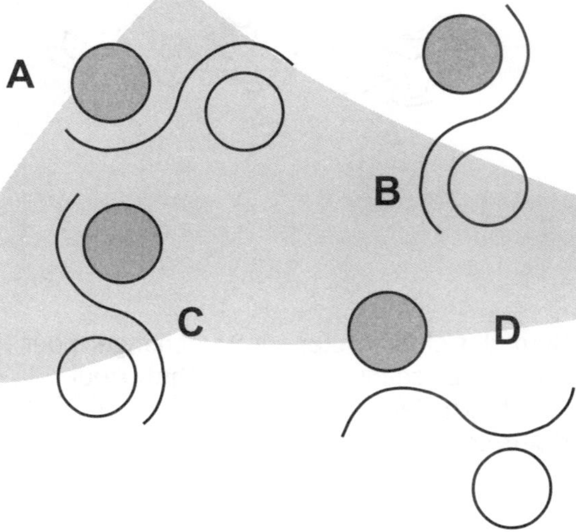

15

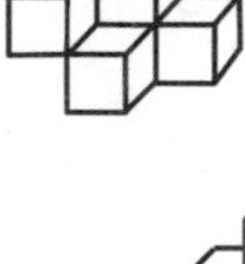

Voici un assemblage de quatre cubes égaux. Laquelle des trois figures ci-dessous le représente vu sous un angle différent ?

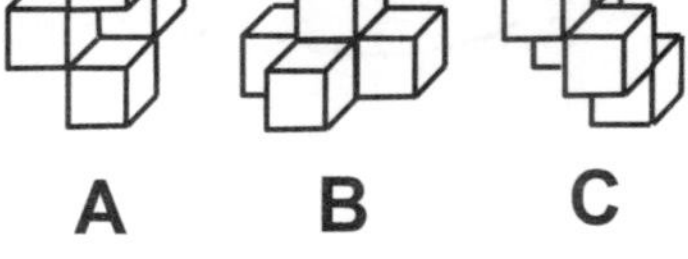

A B C

16

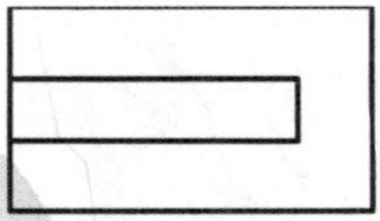

Cette figure a été déformée. Laquelle des trois figures ci-dessous la représente ?

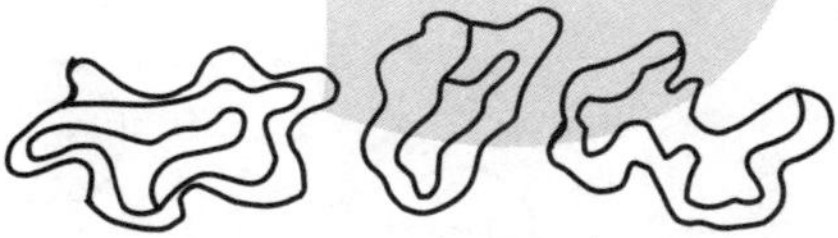

A B C

17

Deux des cinq cercles sont à échanger pour lire un mot sur chaque rayon, de l'intérieur vers l'extérieur.
Quels cercles ?

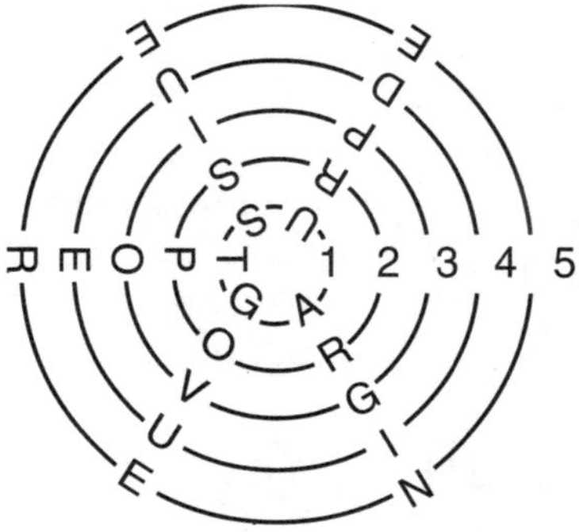

18

Un bouquet se compose de :

1 DAHLIA
5 TOURNESOLS
8 PHLOX
9 LIS
2 BLEUETS

Combien peut-on lui ajouter d'**ANEMONES** ?

19

Quel nombre manque ?

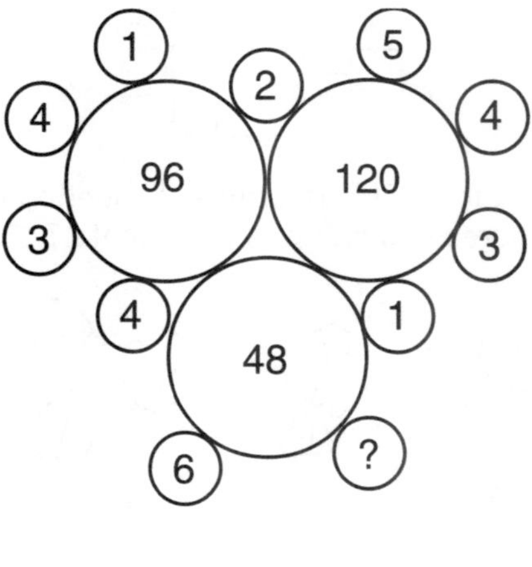

20

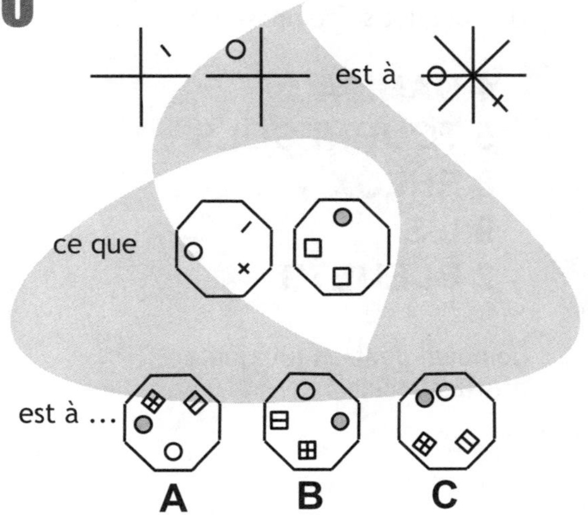

21

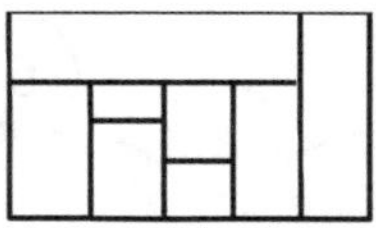

Cette figure a été déformée. Laquelle des trois figures ci-dessous la représente ?

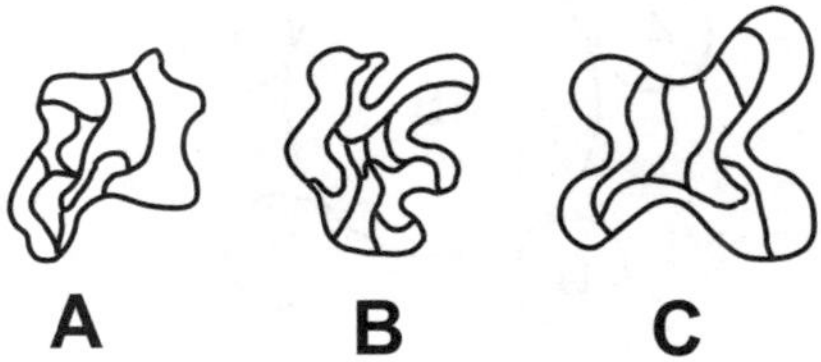

22

En changeant la première lettre de chaque mot, retrouvez une phrase de Tristan Bernard.

EN CISIF DEMBLE INCORE ALUS RISIF BUAND EL UST LE FAUTE MAILLE.

23

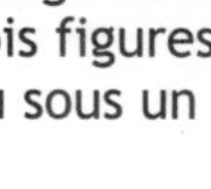

Voici un assemblage de cinq cubes égaux.
Laquelle des trois figures ci-dessous
le représente vu sous un autre angle ?

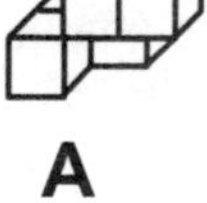
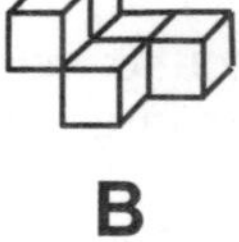
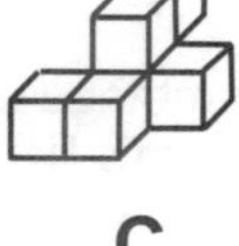

A **B** **C**

24

En changeant la première lettre de chaque mot, retrouvez une phrase d'Erik Satie.

MI TOUS ROULEZ GIVRE GONGTEMPS RIVEZ CIEUX.

25

Deux des cinq cercles sont à échanger pour lire un mot sur chaque rayon, de l'intérieur vers l'extérieur.
Quels cercles ?

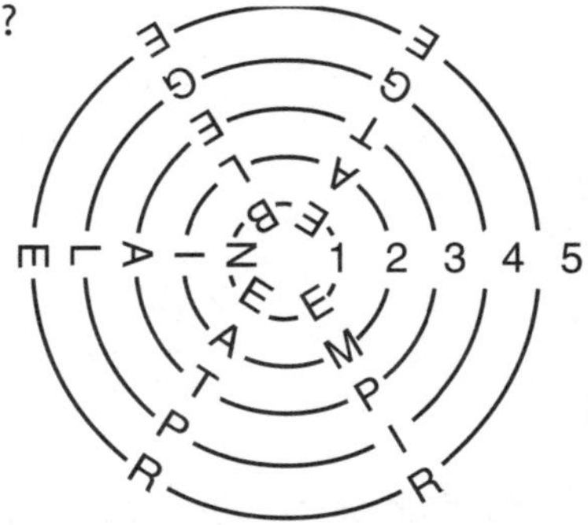

26

Voici un assemblage de quatre cubes égaux.
Laquelle des trois figures ci-dessous le représente vu sous un autre angle ?

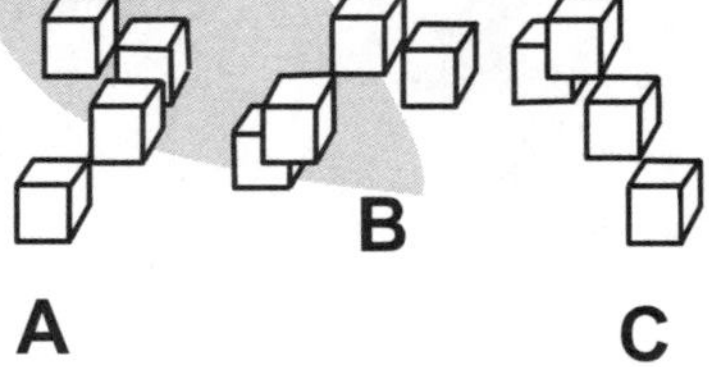

A B C

27

Quel nombre peut poursuivre la série ?

772 98 72 14 .

28

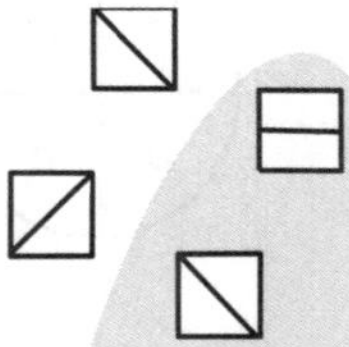

Cette figure a été retournée recto-verso, puis tournée. Laquelle des quatre figures ci-dessous la représente ?

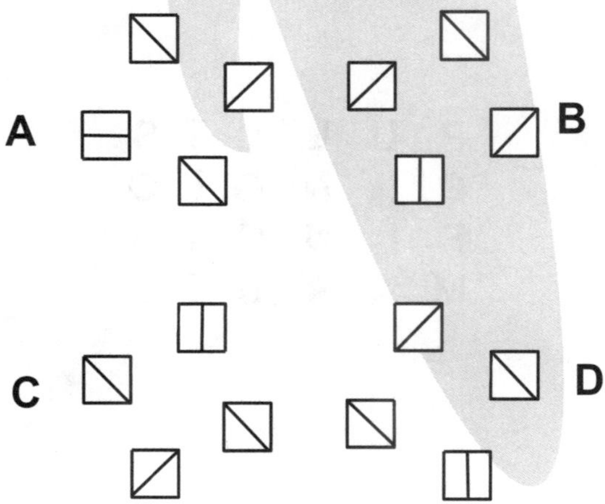

29

Quel nombre manque ?

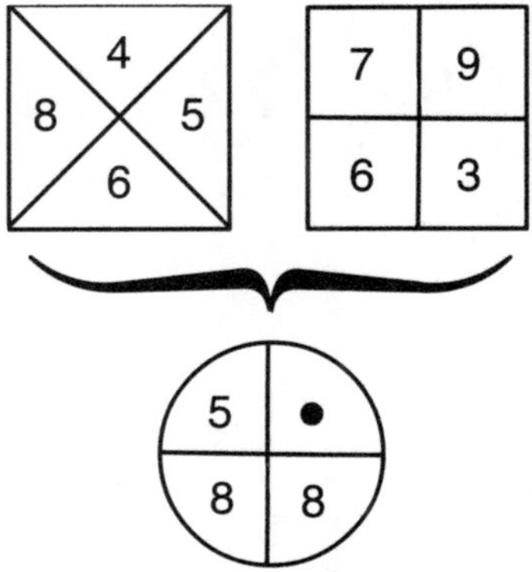

30

Quelle ligne est une couleur dont les lettres ont été inversées ?

P U L I T S
D I N G I O
F I N O T U
M A R U T S

31

Quel nombre manque ?

5	9	8	8
7	21	23	7
7	24	25	9
9	8	9	●

32

Un bouquet contient :

4 GIROFLEES
2 PAVOTS
3 NENUPHARS
3 MIMOSAS
7 PIEDS-D'ALOUETTE

Combien peut-on lui ajouter d'**ASTERS** ?

33

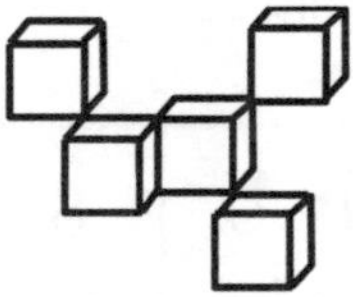

Laquelle des trois figures ci-dessous représente cet assemblage sous un angle différent ?

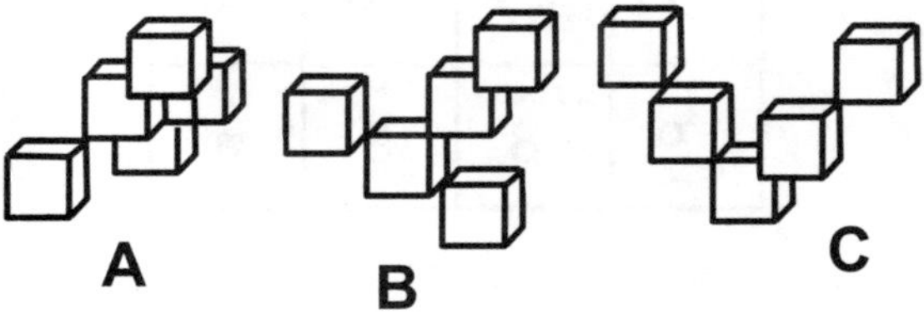

34

Quel nombre manque ?

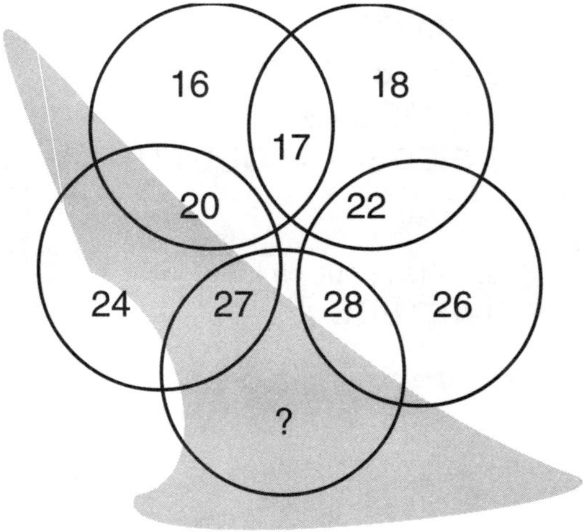

35

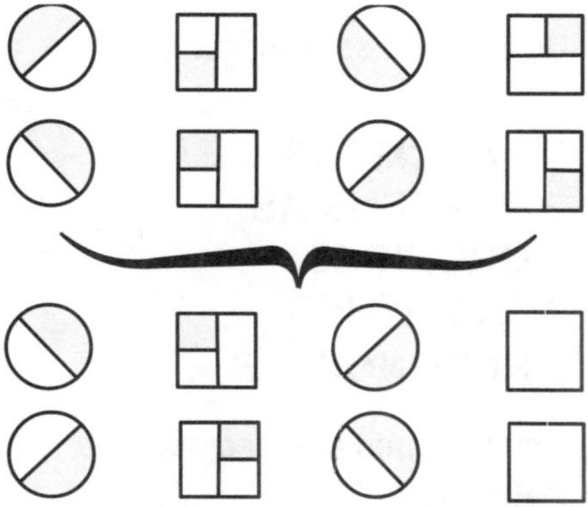

Les deux carrés vides sont-ils A, B ou C ?

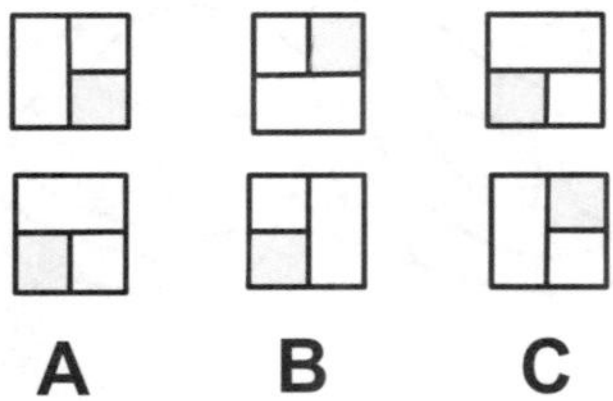

36

Quel nombre peut poursuivre cette série ?

128 93 35 58 23 .

37

Un bouquet se compose de :

3 NARCISSES
2 HORTENSIAS
0 ORCHIDEE
3 JACINTHES
2 RENONCULES

Combien peut-on lui ajouter de
PERCE-NEIGE ?

38

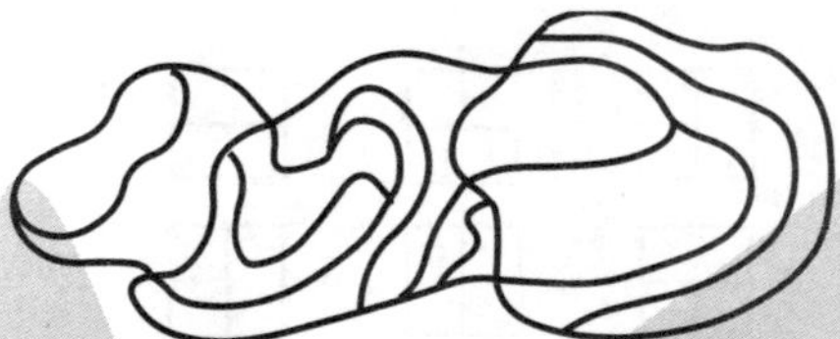

Cette figure a été déformée. Laquelle des trois figures ci-contre la représente ?

A

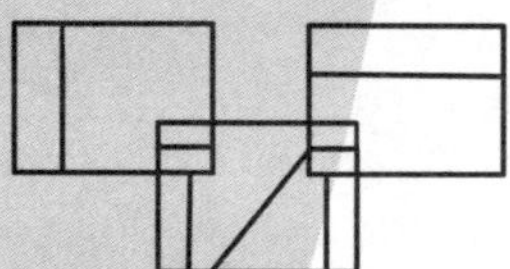

B

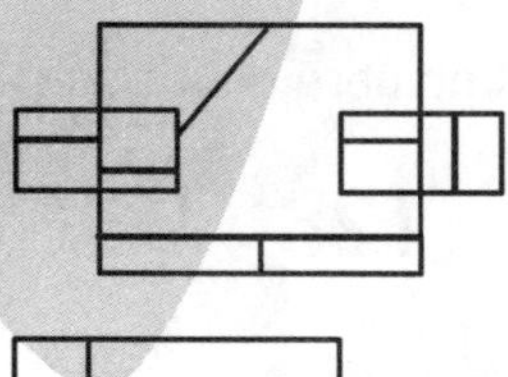

C

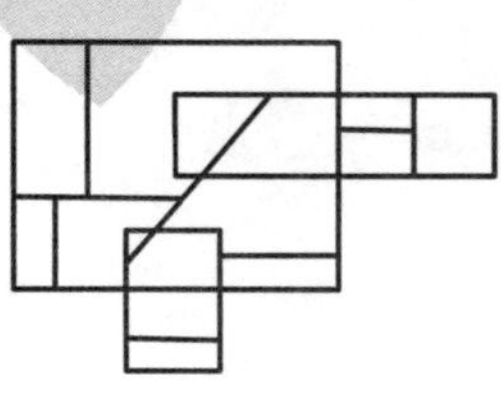

39

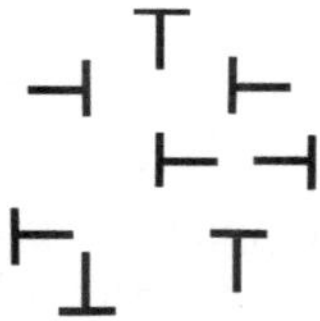

La figure ci-dessus a été retournée
recto-verso, puis tournée.
Laquelle des trois figures ci-dessous
la représente ?

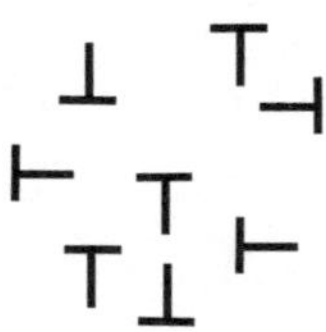

A

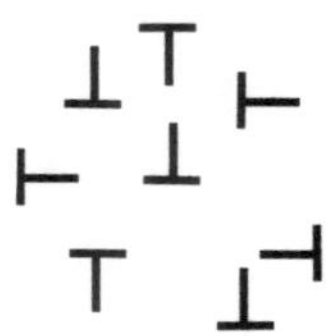

B

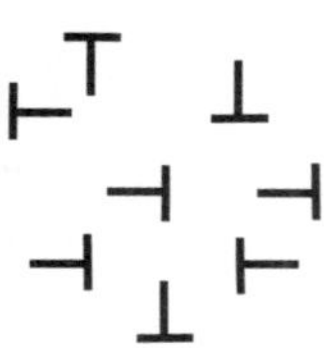

C

40

En changeant la première lettre
de chaque mot, retrouvez
une phrase de Chamfort.

SES BROIS PUARTS MES JOLIES CE VONT MUE LES GOTTISES.

test de QI n°12

1

Quel nombre peut poursuivre la série ?

25 35 45 55 ...

2

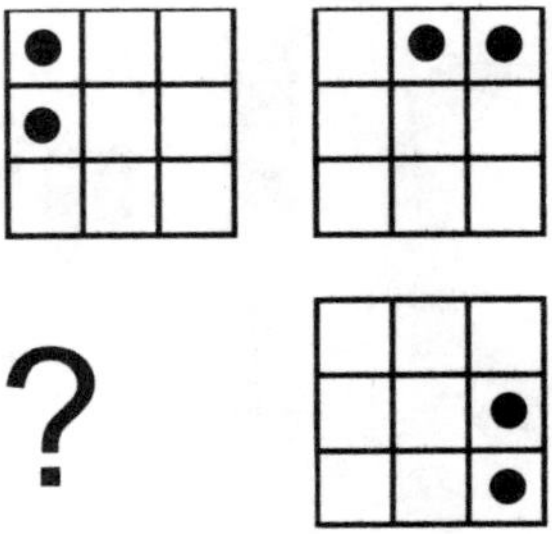

Quel dessin peut poursuivre la série ?

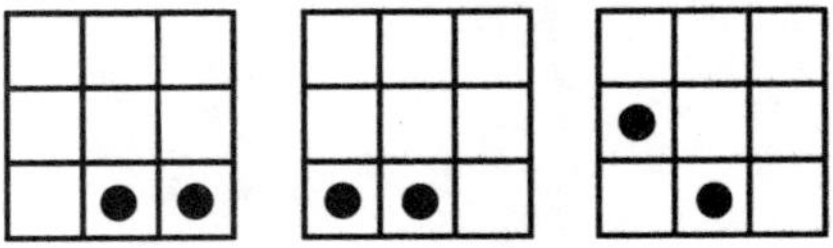

A **B** **C**

3

Quel nombre manque ?

TACOT = 32
BIEN = 22
MISSION = 43
ALOES = ?

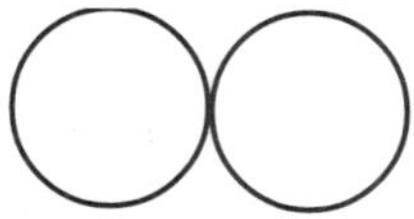

4

Cette figure a été déformée.
Laquelle des figures ci-dessous la représente ?

A **B** **C**

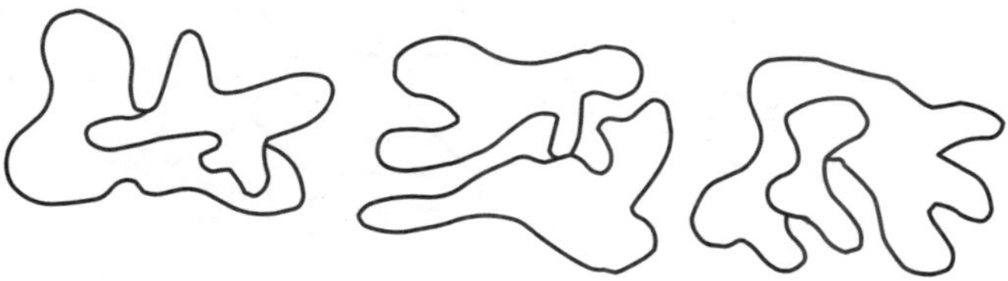

5

Quel mot de cette phrase est un intrus ?

SIX SERPENTS
SIFFLENT
SUR MA SCIENCE.

6

Deux de ces cubes sont certainement différents l'un de l'autre. Lesquels ?

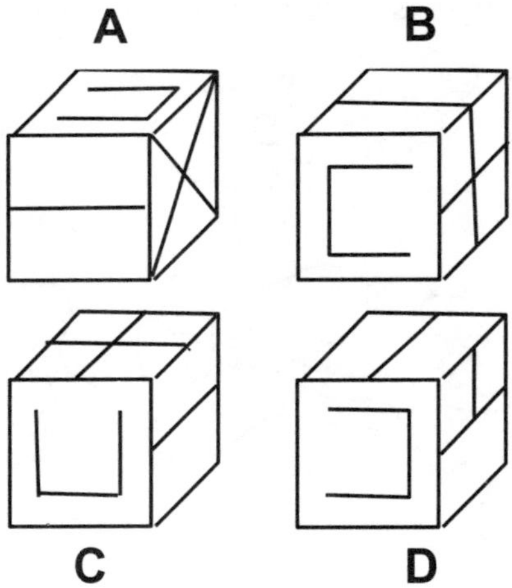

7

Quelle lettre peut poursuivre cette série ?

J L N P R ...

8

Quel ensemble de nombres
diffère des quatre autres ?

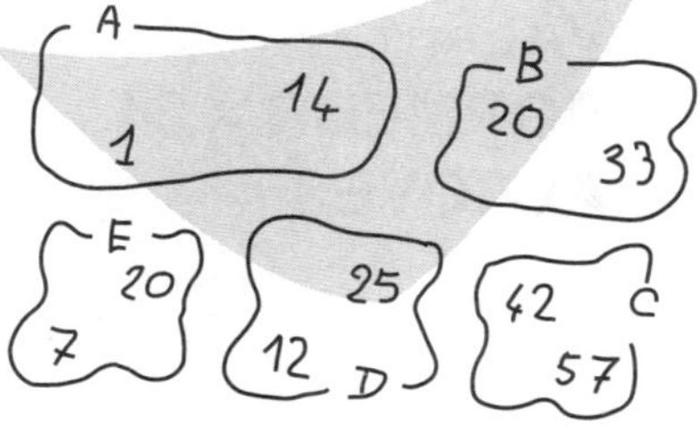

9

Quel nombre peut poursuivre la série ?

14 21 28 35 ...

10

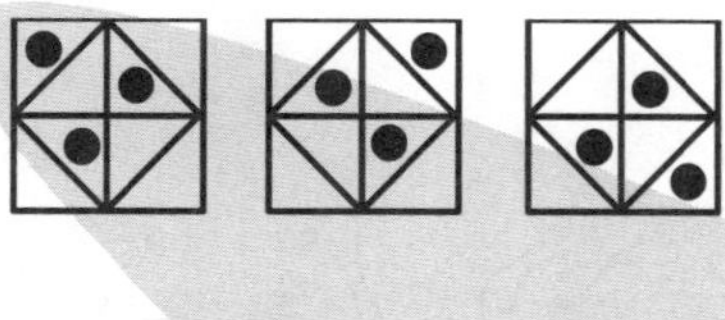

Quel dessin peut poursuivre
cette série ?

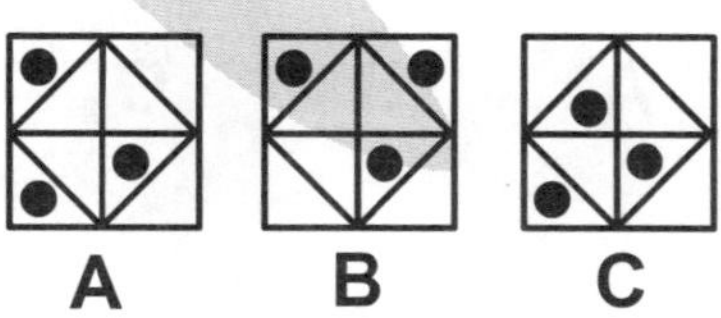

A B C

11

CONDOR = 24
VAL = 12
DORMEUR = 34
ALCOVES = ?

12

Cette figure a été déformée.
Laquelle est-ce ?

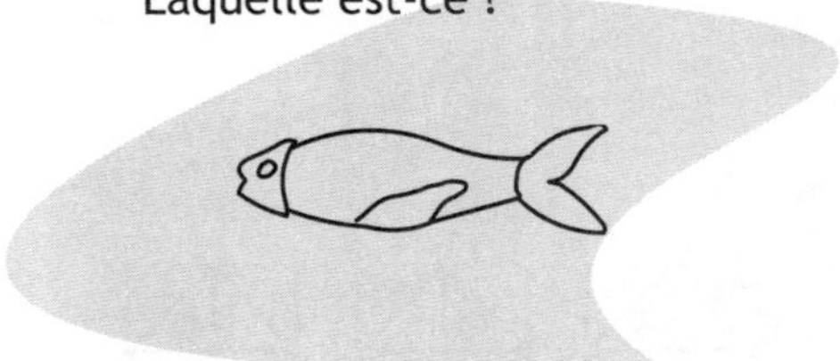

A B C

13

Quel mot de cette phrase est un intrus ?

MON CHAUD BEC TOUFFU PARLAIT DE ROSES.

14

Dans chacun de ces assemblages, les cubes se touchent. Quel assemblage est différent des trois autres ?

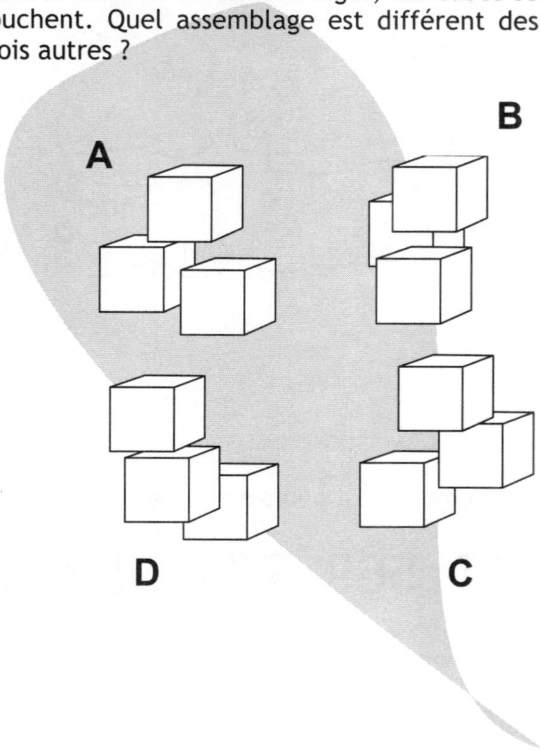

15

Quelle lettre peut poursuivre cette série ?

K J M H .

16

Quel ensemble de nombres diffère des quatre autres ?

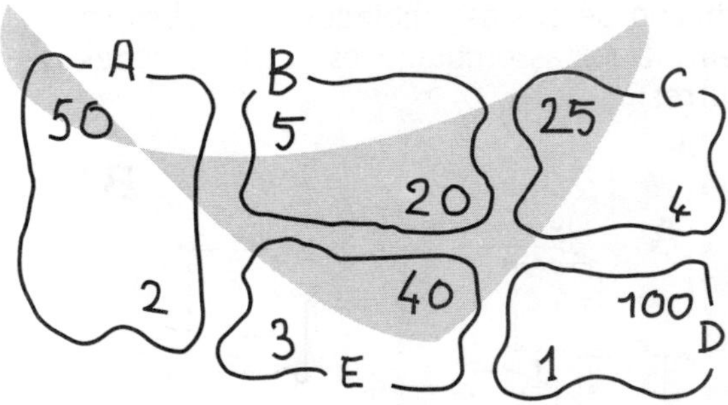

17

Quel nombre peut poursuivre la série ?

347 569 781 903 ...

18

Quel domino peut poursuivre la série ?

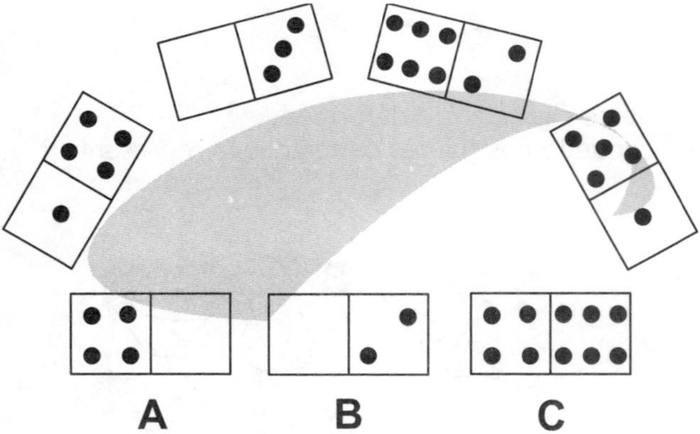

19

ZEST	**=**	**5**
MALE	**=**	**1**
STUC	**=**	**3**
BISE	**=**	**?**

20

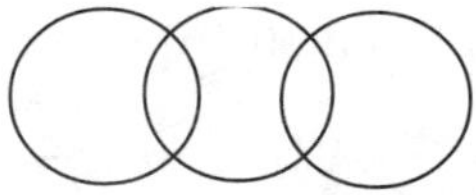

Cette figure a été déformée.
Laquelle des figures ci-dessous la représente ?

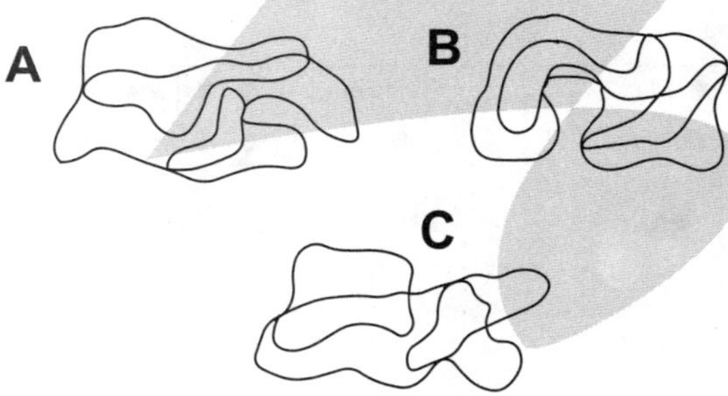

21

Quel mot de cette phrase est un intrus ?

LA MER DIT : ON FAIT PUR

22

Quel cube ne représente pas le cube présenté ci-contre ?

23

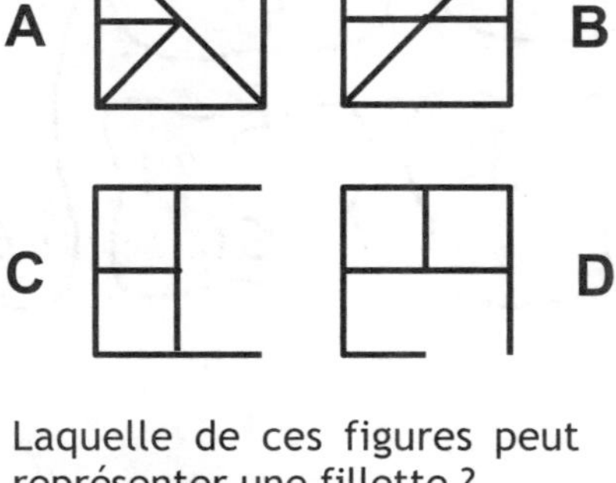

Laquelle de ces figures peut représenter une fillette ?

24

Quel nombre peut poursuivre la série ?

77 49 36 18 08 ...

25

Quel ensemble de nombres diffère des quatre autres ?

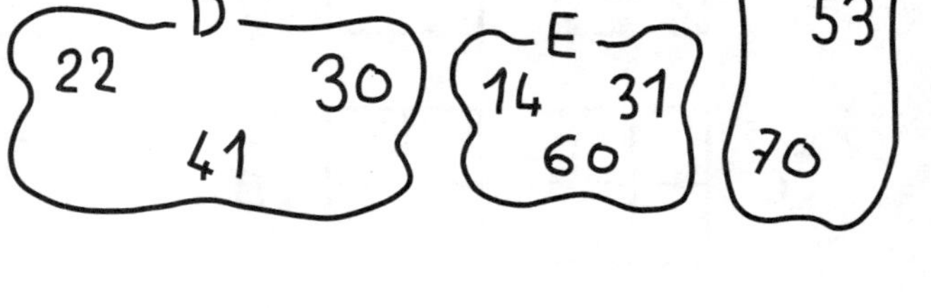

26

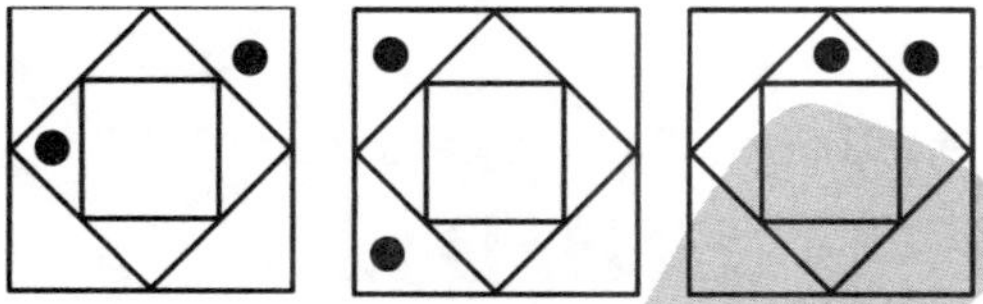

Quel dessin peut poursuivre cette série ?

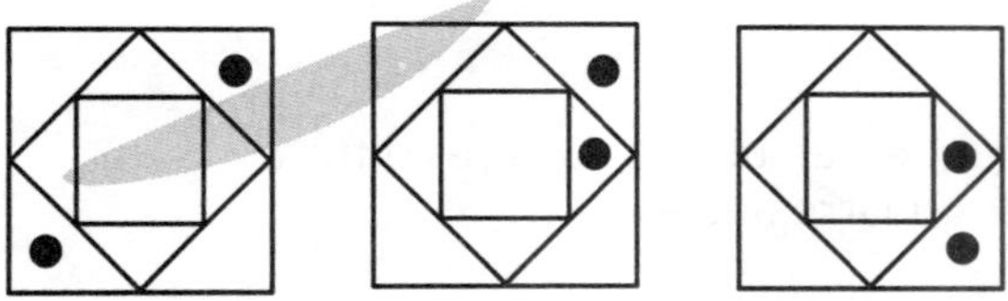

A B C

27

ZINC	**=**	**26**
CIL	**=**	**3**
FEUTRE	**=**	**6**
DOUZE	**=**	**?**

28

Cette figure a été déformée.
Laquelle est-ce ?

A

29

Quelle lettre peut suivre cette série ?

F G E H D ...

30

Quel ensemble de nombres diffère des quatre autres ?

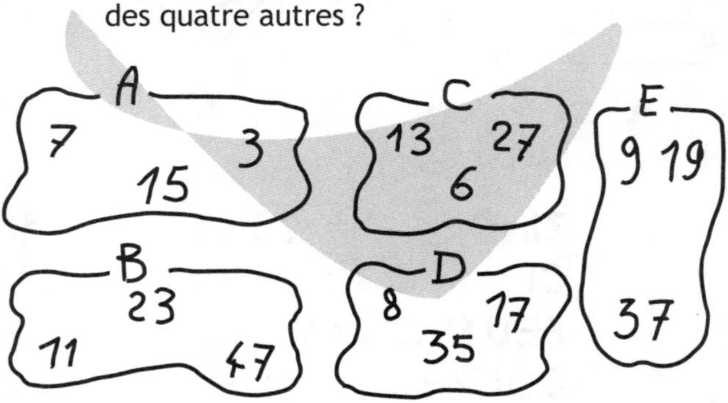

31

Dans cette phrase, quel est le mot intrus ?

BLANCHE CLEF, NOTE LA PORTEE DU SILENCE

32

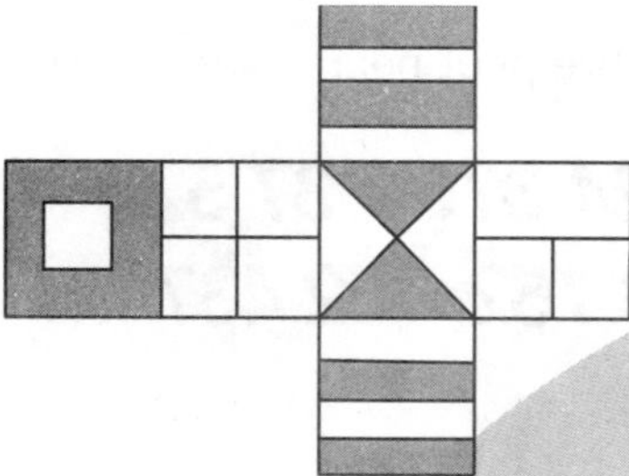

Quel cube ne peut pas représenter le cube développé ci-contre ?

A B

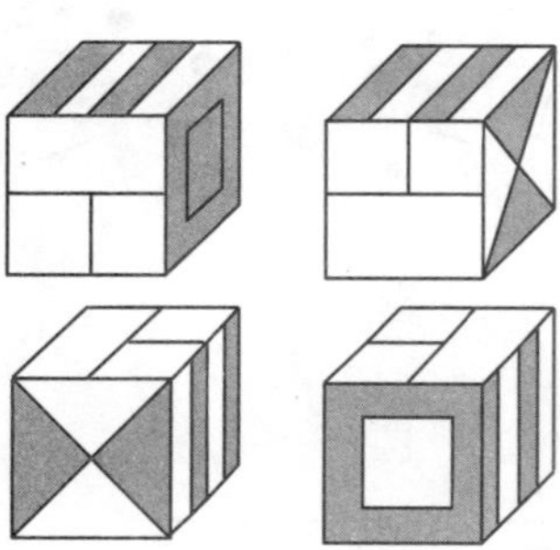

C D

33

Quel nombre peut poursuivre la série ?

24 375 37 524
43 752 52 437 ...

34

Quel domino peut poursuivre la série ?

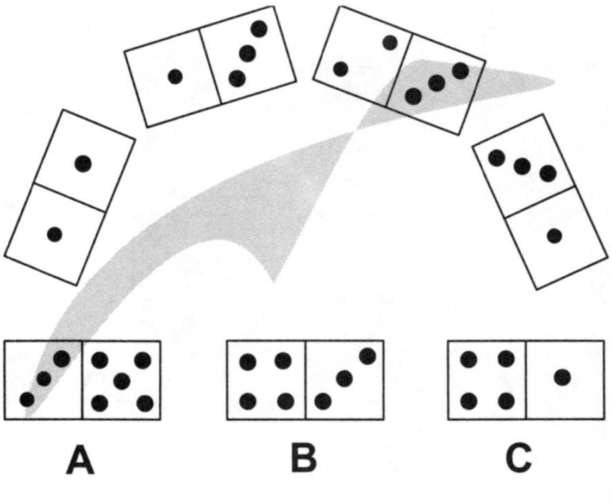

35

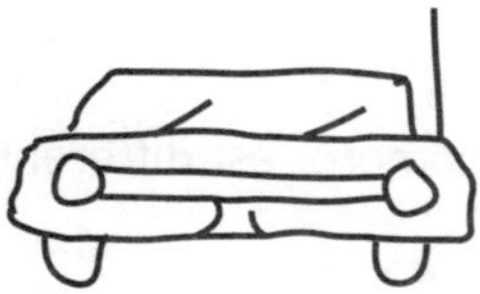

Cette figure a été déformée. Laquelle est-ce ?

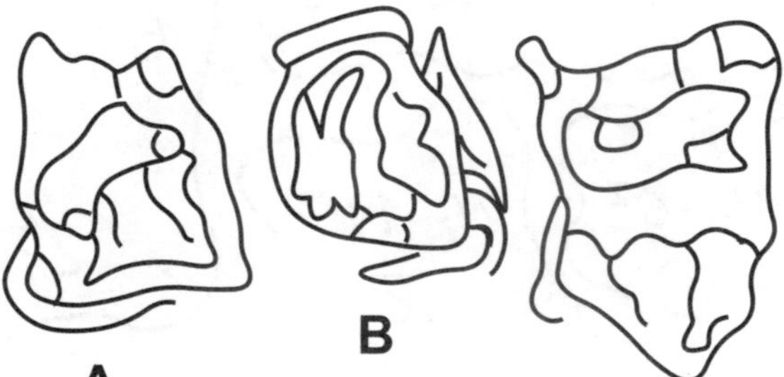

B

A

C

36

Dans cette phrase, quel mot est un intrus ?

LOUKOUM CRIARD,
TU SERT DE FORCING HONNI
SANS ONE-STEP

37

Quel ensemble de nombres est différent des quatre autres ?

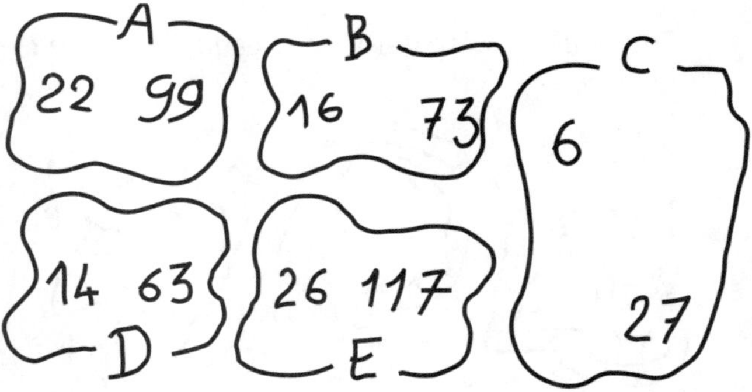

38

DRISSE : 2
AVAL : 0
MES : 1
DROITE : 0
SCALP : ?

39

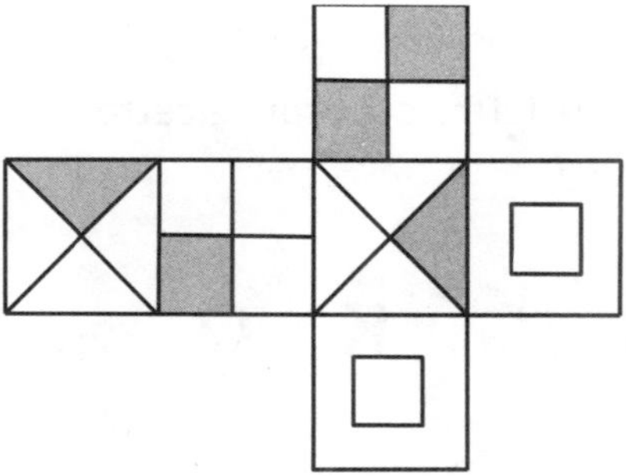

Quel cube ne représente pas le cube développé ci-dessus ?

A

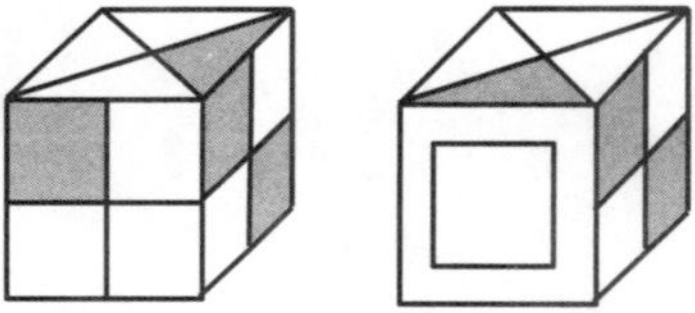

B

C

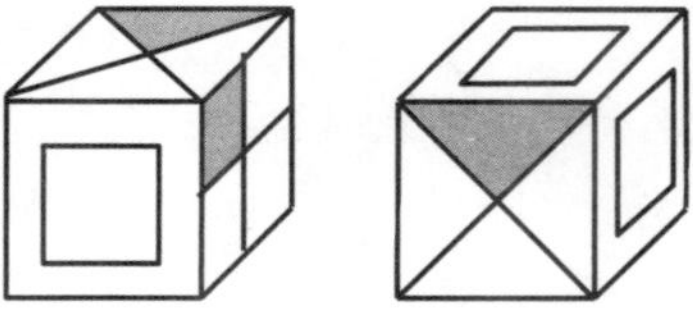

D

40

Quelle lettre peut suivre cette série ?

C G K Q ...

QI Solutions

Solutions test de QI n° 1

1. **17** : les nombres vont de 5 en 5.
2. **M** : la série suit l'ordre alphabétique.
3. **C**
4. **Défense** et **interdiction**.
5. **174** : le nombre 3 est alternativement ajouté et multiplié.
   2 + **3** = 5, 5 x **3** = 15, 15 + **3** = 18, 18 x **3** = 54, etc.
6. **N** : deux lettres plus loin dans l'ordre alphabétique.
7. **B** : ses flèches ne se suivent pas.
8. **En échangeant le premier et le second à partir du centre, on obtient :**
   PEU, POT, NOM, COR et CAP.
9. **30** : les flèches ajoutent successivement 2, 3, 4, 5, 6 et 7.
10. **Bord** et **lisière**.
11. **C**
12. **En supprimant le deuxième cercle à partir du centre, on obtient :**
    MINE, GRAS, SOIT, PIEU, ZELE.
13. **14** : l'ellipse contient tous les nombres pairs de 2 à 20.
14. **I** : à partir de L, l'alphabet est parcouru alternativement dans les deux sens : **L K M J N I**
15. **B** : dans A C et D chaque rectangle contient deux étoiles.
16. **D** : une région centrale touche deux régions indépendantes.

17. **68** : l'ellipse contient tous les nombres de deux chiffres, dont le second est égal au premier plus 2.

18. **13** : les nombres qui se correspondent dans les cercles du dessus sont additionnés.

19. **A** : perpendiculaires aux côtés.

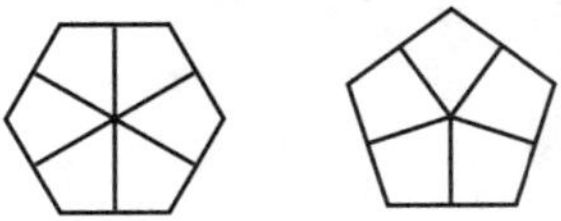

20. **Affligé** et **accablé.**

21. **19** : chaque couple rassemble un nombre
et un autre nombre dont la somme des chiffres
est égale au premier nombre.

22. **La troisième** : VOÛTE.

23. **253** : les nombres 1, 2, 3, 4, 5, 6 ... sont alternativement ajoutés et multipliés.
2 + **1** = 3, 3 x **2** = 6, 6 + **3** = 9, 9 x **4** = 36, etc.

24. **TFM** : les lettres sont chacune décalées d'un rang.

25. **B** : la figure de gauche à l'envers.

26. **La troisième** : FLÛTE.

27. **30** : la flèche ajoute deux unités.

+ 2
8 + 2 **10** + 2 **16** + 2
+ 2
18
+ 2 + 2
20 + 2 **24**
+ 2
+2 **30** + 2

28. **B** : les chats n'apprécient pas les chiens.
On a réfuté la preuve de la négation = il est possible que...

29. **C** : chaque fois la figure est symétrique, par rapport à un axe vertical, horizontal, vertical, etc.

30. **La dernière** : MOINEAU.

31. **A**

32. **B** : trois régions se rencontrent en un point central.

33. **512** : les hexagones garnis de barres s'élèvent au carré, ceux garnis d'un cercle divisent par 2 le nombre de l'hexagone précédent.

34. Le premier carré est récrit en suivant le même trajet.

	E	R	F		U	K	S
	G	U	N	est à	N	F	R
	P	K	S		E	G	P
	B	L	O		G	T	V
ce que	F	G	P	est à	P	O	L
	I	T	V		B	F	I

35. **B** : la figure de droite rassemble ce qu'il y a de commun dans les figures de gauche.

36. **C** : Patrick est tatoué.

37. **11** : chaque nombre est la somme des chiffres des nombres supérieurs auxquels il est lié.

38. **18** : les deux cercles ont pivoté (le premier d'un demi-tour dans le sens des aiguilles d'une montre, le second d'un quart de tour dans le sens contraire), pour se superposer et s'additionner.

39. **C**

40. **La première** : pour les autres lignes, le mot de droite est composé de la troisième, de la deuxième puis de la sixième lettre du mot de gauche.

Calculez votre quotient intellectuel

Nombre de réponses justes	Quotient intellectuel
0 - 8	0 - 100
9 - 15	101 - 115
16 - 19	116 - 125
20 - 24	126 - 130
25 - 28	131 - 135
29 - 31	136 - 140
32 - 34	141 - 145
35 - 36	146 - 150

Solutions test de QI n°2

1. **10** : les écarts augmentent progressivement : 1, 2, 3, 4.
2. **G** : les lettres vont de deux en deux.
3. **D**
4. **La troisième** : sur chaque autre, le mot de droite est formé de la sixième, de la première, de la dixième et de la neuvième lettre du mot de gauche.
5. **0** : chaque nombre est le rang alphabétique de la lettre qui précède moins 1.
6. **T** : même éloignement de l'extrémité de l'alphabet.
7. **A** : l'étoile n'est pas sous la pointe de la flèche.
8. **Le deuxième à partir du centre.** On obtient : RUE, PIE
9. **24** : chaque cercle fait la somme des nombres qu'il coupe.
10. **8** : chaque jonction donne la somme des deux nombres horizontaux, moins le nombre du dessus.
11. **D**
12. **Le premier et le troisième à partir du centre.** On obtient : ITEM, TORT, FUTE, DORE, ONDE.
13. **13** : ce sont tous les nombres premiers (indivisibles) de 2 à 23.
14. **N** : ce sont les lettres précédant les voyelles dans l'ordre alphabétique.

15. **D** : les trois figures qui la constituent ont une partie commune au lieu de ne se couper que deux à deux.

16. **C** : il n'y a que quatre régions différentes.

17. **140** : l'ellipse contient tous les multiples de 7, de 112 à 175.

18. **Q** : deux séries alternent :
D H L de quatre en quatre dans l'ordre alphabétique
U Q M de quatre en quatre dans l'ordre inverse.

19. **A** : les carrés sont transformés en cercles.

20. **Secret** et **mystère**.

21. **8** : chaque couple a pour produit 1 000.

22. **La dernière** : BOUCHE.

23. **69** : les nombres sont espacés des nombres premiers consécutifs : 7, 11, 13, 17, 19 ...

24. **O P** : les lettres du second groupe suivent celles du premier après avoir passé deux lettres.

25. **B** : la partie commune aux trois figures.

26. **La quatrième** : NORVÈGE.

27. **10** : les nombres sont augmentés de 1 en progressant verticalement et de 2 en progressant obliquement.

28. **B** : je ne le hais pas.
Je désavoue ne pas affirmer = il se peut que j'affirme.
Je prétends ne pas avancer = je n'avance pas.

29. **C** : les noirs tournent dans le sens des aiguilles d'une montre et les gris dans le sens contraire.

30. **La deuxième** : FRAISE.

31. **C**

32. **B** : une région centrale touche quatre régions périphériques, qui ne se rencontrent qu'aux angles et deux à deux.

33. **La seconde** : sur chaque autre, le mot de droite est formé des lettres utilisées deux fois dans le mot de gauche, dans l'ordre où elles apparaissent.

34. **V N** : dans l'ordre alphabétique, V deux lettres après T et N deux lettres avant P.

35. **C** : les figures internes tournent dans le sens des aiguilles d'une montre, et les figures externes dans le sens contraire.

36. **B** : les irresponsables sont innocents, sans malice et donc sans ruse.

37. **7** : chaque cercle fait la somme des nombres supérieurs qui lui sont reliés et la divise par le nombre de points qu'il contient.

38. **C** : une veste, par exemple.

39. **La troisième** : pour chaque autre ligne, le mot de droite est formé de la sixième, de la troisième et de la septième lettre du mot gauche.

40. **D**

Calculez votre quotient intellectuel

Nombre de réponses justes	Quotient intellectuel
0 - 5	0 - 100
6 - 10	101 - 115
11 - 15	116 - 125
16 - 20	126 - 130
21 - 24	131 - 135
25 - 28	136 - 140
29 - 32	141 - 145
33 - 35	146 - 150

Solutions test de QI n°3

1. **E** : la série suit l'ordre alphabétique de trois en trois.
2. **28** : on a alternativement soustrait et divisé par deux.
3. **A**
4. **D** : elle n'est pas constituée des mêmes trois éléments que les trois autres figures.
5. **40** : les deux carrés supérieurs ont chacun pivoté d'un quart de tour en sens contraire, pour se superposer et s'additionner.

23	16	+	25	17	=	48	33
27	19		24	21		51	40

6. la première et la troisième ligne sont décalées vers la gauche, la deuxième ligne vers la droite.

3	8	5
9	4	2
7	6	1

7. **C** : chaque autre figure est entourée d'autant d'étoiles qu'elle comporte de cercles.
8. En supprimant **SRIIR**, il reste : FUTÉ, TROT, NORD, ÉLUE et MAIN.
9. **13** : chaque dé ajoute la somme de ses points.
10. **Bévue** et **impair**.
11. **B**
12. **Le premier** et **le troisième** : MAI, TIR, ROI, SUR et OIE.
13. **37** : l'ellipse contient déjà les nombres suivant les premiers carrés : 4 + 1, 16 + 1, 25 + 1, etc. Il manque 36 + 1.
14. **X** : l'alphabet est parcouru à l'envers de six en six, en considérant que Z suit A.
    B A Z Y X W **V** U T S R Q **P** O N M L K **J** I H G F E **D** C B A Z Y **X**

15. **C** : la figure
    - a six régions, ce qui exclut B et D.
    - ne présente que deux sommets internes, ce qui exclut A.
16. **La quatrième** : sur chaque autre, le mot de droite est un synonyme du mot constitué par les quatre premières lettres du mot de gauche.

    MUSELER → INSPIRATRICE
    BLESSER → CÉRÉALES
    ÉCHOPPE → RÉPÉTITION
    INDEXER → SURPLIS
    MONTRER → ÉMINENCE

17. **104** : l'ellipse contient tous les multiples de 13, de 26 à 117.
18. **N Q T** : le second groupe poursuit une série de trois en trois, commencée par le premier.
19. **25** : le carré supérieur de droite a pivoté d'un quart de tour; le carré de gauche a pivoté d'un demi-tour pour se superposer et se soustraire.

$$\begin{array}{c|c} 53 & 55 \\ \hline 57 & 59 \end{array} - \begin{array}{c|c} 29 & 31 \\ \hline 32 & 28 \end{array} = \begin{array}{c|c} 24 & 24 \\ \hline 25 & 31 \end{array}$$

20. **Sémillant** et **vif**.
21. **82** : chaque nombre a son complément à 100.
22. **La seconde** : BRUME.
23. **6** : chaque nombre est suivi du nombre de lettres servant à l'écrire.
24. **J D R** : le rang de chaque lettre de droite est le double du rang alphabétique de la lettre correspondante à gauche.
25. **B** : chaque carré noir est décalé d'une case dans le sens des aiguilles d'une montre.
26. **La deuxième ligne** : CHAMEAU.
27. **9** : une flèche ajoute autant d'unités qu'elle comporte de traits si elle va vers la droite, et les retranche si elle va vers la gauche.
28. **A** : cette fleur est bleue.
    Il est absurde de contester = il est vrai.
    Il est faux de disconvenir = il est vrai.
29. **D** : le triangle n'a pas la même place par rapport au quadrilatère.

30. La troisième : LISBONNE.

31. A

32. A : la figure comprend exactement deux sommets internes, rapprochant chacun trois régions.

33. 62 : chaque cercle reçoit une petite flèche, qui apporte son nombre, et une grande flèche, qui apporte le double de son nombre.

34. La dernière : sur chacune des trois autres, le mot de droite a la même structure que le mot de gauche : les consonnes et les voyelles sont aux mêmes emplacements, ainsi que les lettres redoublées éventuelles.

35. C : certains nuages ne sont pas libres.
Tous les nuages sont des vagabonds, qui sont tous des poètes, qui ont tous de l'imagination, qui sont donc libres.

36. A : les figures internes sont échangées deux à deux.

37. 46 : les flèches ajoutent des nombres différents, suivant leur orientation.
Nord : 1, Nord-Est : 2, Est : 3, Sud-Est : 4, Sud : 5, Sud-Ouest : 6, Ouest : 7 et Nord-Ouest : 8.

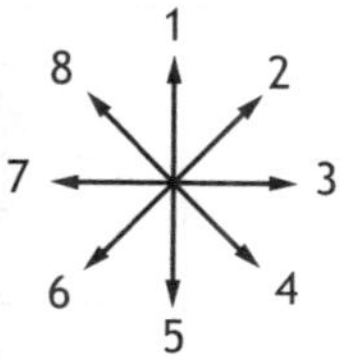

38. D : attention, la seconde affirmation n'est pas « seuls ceux qui portent un chapeau vert sont mes amis », ce qui rendrait vrai A et C.

39. D

40. La quatrième : pour chaque autre ligne, les lettres du mot de droite encadrent la lettre centrale du mot de gauche, selon l'ordre alphabétique.

Calculez votre quotient intellectuel

Nombre de réponses justes	Quotient intellectuel
0 - 5	0 - 100
6 - 10	101 - 115
11 - 14	116 - 125
15 - 18	126 - 130
19 - 22	131 - 135
23 - 26	136 - 140
27 - 30	141 - 145
31 - 34	146 - 150

Solutions test de QI n°4

1. **10** : les écarts sont 2, 3, 5, 8 et 13, chacun étant la somme des deux précédents.
2. **T** : la série suit l'ordre alphabétique inverse par sauts de 1, 2, 3 et 4.
   V U **T** S R **Q** P O N **M** L K J I **H**
3. **D**
4. **Automatique** et **involontaire.**
5. **A** : la figure a exactement deux sommets internes.
6. **L F** : deux lettres avant et deux lettres après.
7. **D** : elle est constituée de deux cercles et d'un rectangle, au lieu de deux rectangles et d'un cercle.
8. **SNOAU.** Il reste : DUR, VIF, MOU, RIZ et THÉ.
9. **1133** : chaque nombre est le double du nombre précédent, moins le nombre de côtés du polygone où il se trouve inscrit.
10. **Rapace** et **avide.**
11. **A**
12. **RTEES** et **MTAIO.** Il vient : AMER, ÉTAT, RAME, MIRE et FOIS.
13. **0** : les sommes des chiffres des nombres successifs sont :
    1, 2, 3,... etc. Avant, il ne peut y avoir que 0.
14. **J** : la première lettre de chaque groupe est suivie de la lettre placée deux rangs avant et de celle placée trois rangs après, dans l'ordre alphabétique.
15. **20** : les trois cercles extérieurs ont pivoté et sont venus se superposer sur le cercle central, de façon à faire coïncider le 1, le 2 et le 3,

pour donner 6, la plus petite somme possible
et par voie de conséquence :

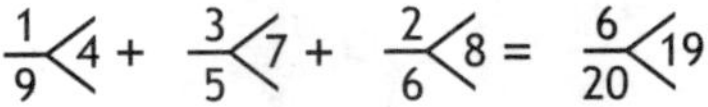

16. **La seconde** : sur chaque autre ligne, le mot de droite est composé avec les deux premières lettres, dans l'ordre alphabétique, du mot de gauche. Par exemple, dans SOURDRE, D et E sont dans l'ordre alphabétique avant S, O, U, R.
17. **4** : l'ellipse contient la série 1, 2, 4, 7, 11, 16, 22, 29 où les nombres augmentent de 1, 2, 3, 4, 5, 6 et 7.
18. **D** : la figure comporte deux sommets internes, l'un rapprochant quatre régions, l'autre trois.
19. **34** : les cercles extérieurs ont pivoté pour se superposer. 25 est la somme des trois plus petits nombres plus 1. Le cercle intérieur ajoute 1 à chaque somme de trois nombres.

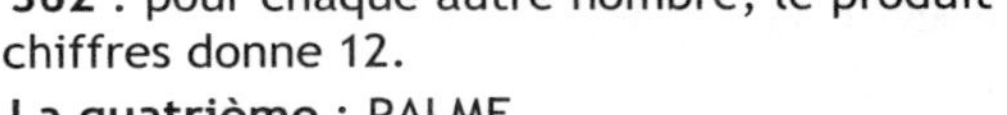

20. **Fragilité** et **délicatesse**.
21. **362** : pour chaque autre nombre, le produit des chiffres donne 12.
22. **La quatrième** : PALME.
23. **Q N** : chaque nombre est suivi de la première lettre et la dernière lettre de son nom.
24. **C** : le rang de la lettre de droite est la différence des rangs des lettres de gauche.
25. **C** : les deux figures imbriquées à gauche forment un carré à droite. L'une est sens dessus-dessous. L'autre pivote de 90 degrés.
26. **La troisième** : PEUPLIER.
27. **17** : chaque T horizontal donne à droite le produit des deux nombres de gauche plus 2.
28. **B** : je dis la vérité.

Nier le contraire de la véracité = nier la fausseté
= affirmer la vérité
Je ne garantis pas qu'il est indéfendable = on peut soutenir.

29. **43** : dans chaque couple, un nombre est le produit des chiffres de l'autre, plus 1.
30. La première : GÉRANIUM.
31. C
32. **La troisième** : sur les trois autres, le mot de droite utilise les mêmes consonnes que le mot de gauche, mais dans l'ordre inverse.
33. **19** : chaque carré reçoit le produit des carrés Nord-Est et Nord-Ouest, moins le carré situé au Nord.
34. **L** : les deux cercles supérieurs ont chacun pivoté pour se superposer. Q se superpose à S, pour donner R qu'elles entourent, et F se superpose à J pour donner H qu'elles entourent également. De même, I et O donnent L.

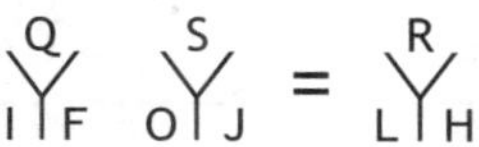

Q R S
F . H . J
I . . L . . O

35. **B** : symétrique de la figure de droite par rapport à un axe vertical.
36. **C** : il y a des animaux velus - certains chats au moins - qui ont de l'humour.
37. **8** : le demi-cercle multiplie par 3, le cercle divise par 2 et la figure concave multiplie par 4.
38. **B** : tous les chiens à deux têtes, en tant qu'êtres vivants, se nourrissent.
39. **La dernière** : pour chaque autre ligne, le mot de droite est composé des lettres suivant la première et la dernière lettre du mot de gauche.
40. **B.**

Calculez votre quotient intellectuel

Nombre de réponses justes	Quotient intellectuel
0 - 5	0 - 100
6 - 8	101 - 115
9 - 12	116 - 125
13 - 16	126 - 130
17 - 20	131 - 135
21 - 24	136 - 140
26 - 28	141 - 145
29 - 32	146 - 150

Solutions test de QI n°5

1. **27** : deux séries alternent, l'une croissant de 5 et l'autre décroissant de 3.
2. **K** : la série suit l'ordre alphabétique en sautant alternativement une ou deux lettres.
   A B **C** D E **F** G **H** I J **K** L **M**
3. **A**
4. **Venimeux** et **fielleux**.
5. **B** : la figure présente trois sommets internes.
6. **Q R** : le premier groupe encadre le second, à une lettre de distance.
7. **8** : les cercles extérieurs pivotent et se superposent. Comme le suggèrent les flèches, les deux cercles extérieurs de gauche sont additionnés et celui de droite est soustrait.

15 ⟨ 7 / 11 + 14 ⟨ 9 / 10 + 8 ⟨ 12 / 13 = 21 ⟨ 4 / 8

8. **ULIOI**, ce qui donne : MER, OUI, SAS, PAR et DOS.
9. **46** : chaque nombre est le carré du nombre au-dessus à droite, moins le nombre au-dessus à gauche.
10. **Décelé** et **révélé**.
11. **D**
12. **TEESR** et **PDGBL**. Il vient :
    PORT, DIRE, GITE, BAIS et LIER.
13. **50** : l'ellipse contient les doubles des neuf premiers carrés.

14. **8** : on peut visualiser la disposition suivante :
le rectangle 9-6 a été posé sur la première ligne, le 6 à gauche;
le rectangle 8-4 a été posé sur la colonne de droite, le 8 sur le 17;
le rectangle 2-5 a été posé sur la colonne de gauche, le 2 sur le 8;
le rectangle 3-7 a été posé sur la deuxième ligne, le 3 sur le 8;
Ainsi, la disposition est symétrique et les nombres superposés ont été additionnés.

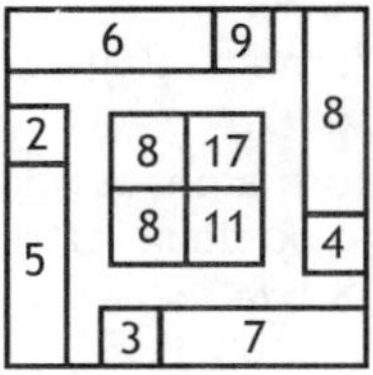

15. **C** : contrairement aux autres figures, les étoiles sont dans deux régions qui se touchent.
16. **La première** : sur chaque autre, le mot de droite est composé des lettres qui suivent l'ordre alphabétique des lettres du mot de gauche.
DIT EJU JEU
17. **51** : tous les autres nombres sont premiers (indivisibles).
18. **A** : la figure comporte trois sommets internes, ce qui exclut B (quatre sommets) et D (deux sommets). Elle comporte six sommets sur le pourtour, ce qui exclut C (sept sommets).
19. **D** : dans chaque trio, la somme des rangs des deux premières lettres donne le rang de la troisième.
20. **527** : pour chaque autre nombre, le produit des deux premiers chiffres donne le chiffre de droite.
21. **90** : chaque flèche apporte une fois et demie le nombre d'où elle vient.
22. **(50 125)** : à chaque étape, le grand nombre reçoit la différence des deux nombres et le petit reçoit la somme.

2 + (5 + 2) = 9 et 5 + (5 - 2) = 8
9 + (9 - 8) = 10 et 8 + (9 + 8) = 25
10 + (25 + 10) = 45 et 25 + (25 - 10) = 40
45 + (45 - 40) = 50 et 40 + (45 + 40) = 125

23. **La cinquième** : avion, train, voiture, bateau, cirage.

24. **5** : le rectangle 22-7 a été posé sur la première ligne, 22 à gauche;
le rectangle 8-9 a été posé sur la colonne de droite, le 8 sur le 7;
le rectangle 11-12 a été posé sur la seconde ligne, le 11 sur le 9;
le rectangle 16-17 a été posé sur la colonne de gauche, le 16 sur le 12 et le 17 sous le 22;
les chiffres dans le carré central sont obtenus par soustraction.

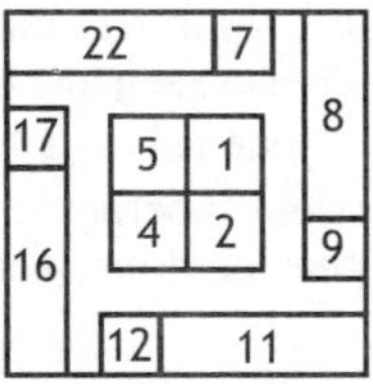

25. **B** : la figure présente trois sommets internes, ce qui exclut C et D. En outre,
- dans la figure originale, deux régions (les deux moitiés de l'ellipse) ont chacune une ligne commune avec deux régions seulement;
- cette situation n'a pas d'équivalent dans A.

26. **Deuxième ligne** : NAVET.

27. **45** : le rectangle 4-9 a été posé sur la première ligne, le 9 à gauche;
le rectangle 7-3 a été posé sur la colonne de droite, le 7 sur le 14;
le rectangle 3-5 a été posé sur la colonne de gauche, le 3 sur le 3;
le rectangle 1-2 a été posé sur la deuxième ligne, le 1 sur le 3.
Chaque couple de nombres a donné son produit.

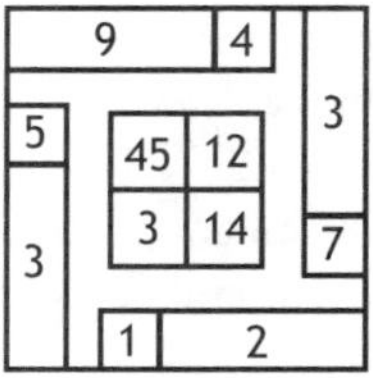

28. **A** : il pense que j'ai raison.
refuser de démentir = affirmer.
douter de la fausseté = accepter la vérité.
29. **73** : les nombres vont par couples, rassemblant deux nombres dont les chiffres sont dans l'ordre inverse.
30. **La deuxième** : INDIGO.
31. **B**
32. **La cinquième** : sur chaque autre ligne, les lettres du mot de droite sont différentes de celles du mot de gauche.
33. **1** : chaque ligne et chaque colonne a pour somme 10.
34. **43** : les quatre cercles extérieurs ont été superposés, ceux de gauche après avoir pivoté, ceux de droite après avoir été retournés.
21, qui ne peut être obtenu que d'une seule façon comme somme, donne le départ.

16	3	+	7	6	+	9	4	+	11	8	=	43	21
10	12		14	15		17	13		5	18		46	58

35. **A** : les noirs remplacent les gris, les gris les blancs et les blancs les noirs.
36. **A** : les avares ont des scrupules, alors que les aventuriers n'en ont pas.
37. **15** : chaque nombre est la moyenne des deux nombres apportés par les flèches qui y aboutissent.
38. **D** : certains rats avides sont curieux et gourmands, et donc n'échappent pas aux quolibets.
39. **D**
40. **La seconde ligne** : dans chaque autre, le mot de droite est formé de la lettre figurant deux fois dans le mot de gauche et de la lettre qui la suit dans l'alphabet.

Calculez votre quotient intellectuel

Nombre de réponses justes	Quotient intellectuel
0 - 4	0 - 100
5 - 8	101 - 115
9 - 11	116 - 125
12 - 14	126 - 130
15 - 18	131 - 135
19 - 22	136 - 140
23 - 26	141 - 145
27 - 30	146 - 150

Solutions test de QI n°6

1. **Cinq** : les nombres se suivent, en carré.
2. **AIR.**
3. **Le deuxième** : les trois symboles tournent.
4. **EDIFICE** : les mots se suivent par ordre alphabétique.
5. **2.**

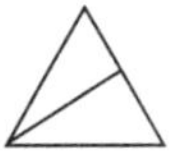

6. **Le troisième** : les nombres se suivent de deux en deux, en alternant noir et blanc.
7. **PELERINAGE.**
8. **8 faces.**
9. **5.**
10. **POLKA.**
11. **Le troisième** : chaque fois un nouveau symbole est en double.
12. **PLUME** : les objets sont de poids décroissant.
13. **4.**

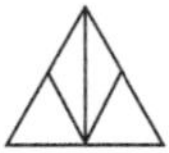

14. **19** : quand un chiffre est blanc, son suivant augmente de 1, quand un chiffre est noir, son suivant augmente de 5.
15. **NEZ.**
16. **14.**
17. **15** : les nombres augmentent de deux en deux à partir de 1 et en tournant.
18. **SEXTUOR.**

19. **Le troisième** : à chaque figure, deux des trois symboles alternent, et un nouveau symbole s'introduit sur le troisième cercle.
20. **MERVEILLE** : les lettres centrales sont : ABCDE.
21. 4.

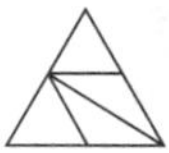

22. **Le troisième** : à chaque étape :
tout chiffre en corde est augmenté de 2
et tout chiffre noir est diminué de 2.
23. **ELIXIR.**
24. **17.**
25. **52** : les nombres opposés ont deux à deux pour somme 100 (ils sont symétriques par rapport à 50).
26. **PLOMBIER.**
27. **La deuxième** : une flèche tourne dans le sens des aiguilles d'une montre, et les deux autres en sens contraire. Chaque flèche pointe alternativement vers l'extérieur et vers le centre.
28. **PALAIS** : les objets sont de taille croissante.
29. **8.**

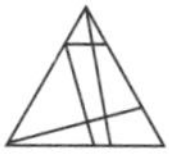

30. **Le deuxième** : à chaque étape, chaque chiffre blanc est remplacé par celui qui le précède dans le nombre et chaque chiffre noir par celui qui le suit (si l'on est à une extrémité du nombre, on imagine qu'il se referme sur lui-même).
31. **LOUTRE.**
32. **17.**
33. **CINQ** : chaque alignement a pour somme 15.
34. **ECHAPPEE.**
35. **La troisième** : quatre flèches tournent dans le sens inverse des aiguilles d'une montre, alternativement orientée vers le centre et vers l'extérieur.
36. **MIGRAINE** : chaque mot commence en empruntant au précédent les 2e et 3e lettres, 3e et 4e, etc.

37. **9.** 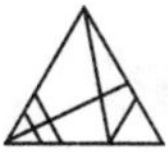

38. **20** : le chiffre blanc multiplie le nombre formé par les autres.

39. **MARABOUT.**

40. **20.**

Calculez votre quotient intellectuel

Nombre de réponses justes	Quotient intellectuel
0 - 8	0 - 100
9 - 15	101 - 115
16 - 19	116 - 125
20 - 24	126 - 130
25 - 28	131 - 135
29 - 31	136 - 140
32 - 34	141 - 145
35 - 36	146 - 150

Solutions test de QI n°7

1. **C** : chaque coin prend la place du suivant, dans le sens des aiguilles d'une montre.
2. **Le deuxième EST** : les deux dernières lettres d'un mot sont les deux premières du suivant et les noirs et les blancs alternent.
3. **La troisième** : les étoiles à l'intérieur de chaque ensemble de carrés tournent dans le sens des aiguilles d'une montre.
4. **70** : le nombre de lettres de l'article, multiplié par 10.
5. **3.**
6. **9** : chaque carré porte quatre fois un même nombre.
7. **BAC.**
8. **C.**
9. **C** : dans le sens des aiguilles d'une montre, chaque coin va s'additionner au coin qui le suit.
10. **AMAS** : la lettre noire indique la première lettre du mot suivant.
11. **La première** : toutes les étoiles suivent un même chemin, dans le sens des aiguilles d'une montre, alternativement noires et blanches.
12. **8** : le rang de la première lettre.
13. **2.**
14. **15** : les nombres sont écrits ligne par ligne, à partir de 1.
15. **EAU.**
16. **A.**
17. **C** : chaque nombre, multiplié par 2, va occuper la place du suivant, dans le sens inverse des aiguilles d'une montre : (2 x 4 = 8, à la place du 3; 2 x 3 = 6, à la place du 1, etc.).

18. **ÊTRES** : l'avant-dernière lettre d'un mot donne la première du suivant et les voyelles sont en blanc, tandis que les consonnes sont en noir.
19. **La quatrième** : les groupes d'étoiles se déplacent selon ce schéma : et la couleur noire se déplace dans le sens inverse des aiguilles d'une montre.

20. **21** : le rang de la dernière lettre.
21. **9.**
22. **0** : sur chaque carré, les sommes des deux diagonales sont égales.
23. **VAIN.**
24. **B.**
25. **A** : chaque nombre, élevé au carré, prend la place du précédent (dans le sens inverse des aiguilles d'une montre).
26. **LONG** : la dernière lettre d'un mot est la première du suivant et les lettres nouvelles sont en blanc.
27. **La première** : si l'on suit les figures dans le sens des aiguilles d'une montre, quatre des étoiles tournent dans le sens des aiguilles d'une montre en alternant noir et blanc ; quatre autres tournent en sens inverse, en restant telles quelles. Chaque étoile garde sa position dans le petit carré qui la contient.
28. **16** : première lettre, plus dernière lettre.
29. **4.**
30. **3** : sur chaque carré, les produits des nombres opposés sont égaux.
31. **HABIT.**
32. **A.**
33. **B** : dans le sens des aiguilles d'une montre, chaque couple de nombre donne sa moyenne, qui prend la place du second nombre.
34. **CORYZA** : chaque mot commence par les lettres suivant les blanches du précédent dans l'ordre alphabétique.

35. **La troisième** : en suivant les ensembles dans le sens des aiguilles d'une montre, les étoiles s'échangent deux par deux, comme le montre le schéma ci-dessous. Quatre étoiles ne changent jamais de couleur. Les quatre autres sont alternativement noires et blanches.

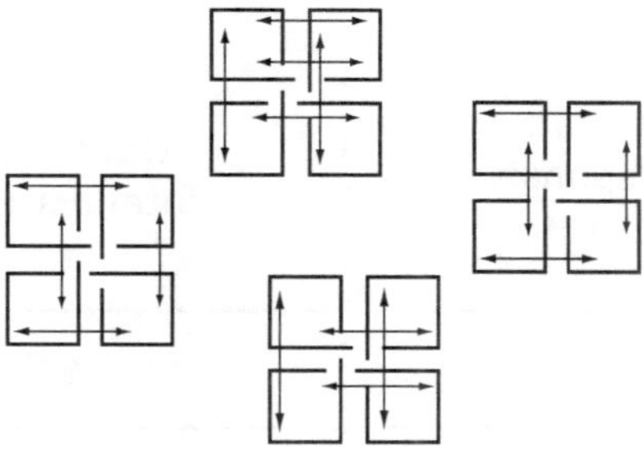

36. **180** : première lettre, plus deuxième lettre, multiplié par 10.
37. **11.**
38. **3** : les nombres sur les carrés baissent successivement de :
    1 - 1 - 1
    1 - 1 - 2
    1 - 2 - 2
    2 - 2 - 2
39. **FABLES.**
40. **C.**

Calculez votre quotient intellectuel

Nombre de réponses justes	Quotient intellectuel
0 - 5	0 - 100
6 - 10	101 - 115
11 - 15	116 - 125
16 - 20	126 - 130
21 - 24	131 - 135
25 - 28	136 - 140
29 - 32	141 - 145
33 - 35	146 - 150

Solutions test de QI n°8

1. **B** : chaque nombre est diminué de 1.
2. **FIL.**
3. **Le troisième** : la configuration tourne chaque fois d'un quart de tour.
4. **COMPARSE** et **FIGURANT.**
5. **4.**

6. **Le troisième** : les nombres décroissent de deux en deux et sont écrits en alternant deux blancs et deux noirs.
7. **DÉCIDÉMENT.**
8. **1.**
9. **B** : chaque nombre, augmenté du précédent, prend la place du suivant dans le sens des aiguilles d'une montre.
10. **JAZZ.**
11. **Le second** : chaque fois, un des symboles reste en place, et se répète sur la position opposée, tandis que deux nouveaux sont introduits.
12. **FERVENT** et **PASSIONNÉ**
13. **2.**

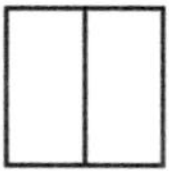

14. **Le deuxième** : d'une part, on ajoute 7 à chaque étape, d'autre part, on répète systématiquement les trois types de caractères.
15. **OR.**

16. 6.
17. **B** : Dans le sens des aiguilles d'une montre, chaque nombre va se multiplier du suivant et prend sa place.
18. **GYMNASTE.**
19. **Le quatrième** : chaque fois un nouveau symbole est répété.
20. **MÉCHANT** et **MALVEILLANT.**
21. **6.**

22. **Le deuxième** : somme des deux nombres qui précèdent, écrite chiffre pair en noir et chiffre impair en blanc.
23. **KILT.**
24. **4.**
25. **A** : chaque coin du haut est diminué du coin diamétralement opposé du bas ; chaque coin du bas est augmenté du coin diamétralement opposé du haut.
26. **QUELQUE.**
27. **Le second** : suivons les groupes dans le sens des aiguillles d'une montre. Chaque fois, deux symboles restent en échangeant leurs places. L'échange se fait alternativement sur deux triangles opposés et sur deux triangles consécutifs (voir figure). Deux nouveaux symboles apparaissent. De plus, il faut que la logique revienne sur la première figure.

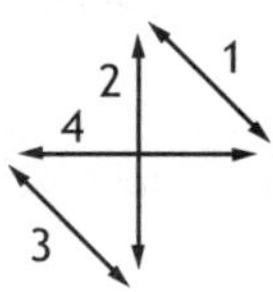

28. **CHARMER** et **ENCHANTER**
29. **9.**

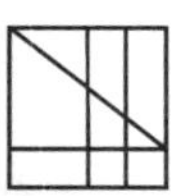

30. **673** : le chiffre blanc passe devant (ou y reste) et un autre chiffre devient blanc.
31. **MARATHON.**
32. **42.**
33. **C** : dans le sens des aiguilles d'une montre, chaque nombre est multiplié au suivant. La racine de ce produit prend la place du deuxième nombre.
34. **OUISTITI.**
35. **Le premier** : chaque fois un symbole est répété. Suivons les groupes dans le sens des aiguilles d'une montre. La répétition se fait alternativement sur deux triangles opposés et sur deux triangles consécutifs. Elle porte sur le symbole qui suivait (dans le sens des aiguilles d'une montre) la répétition précédente.
36. **LICENCIER** et **CONGÉDIER.**
37. **18.**

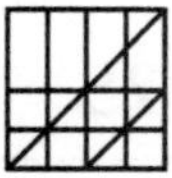

38. **146** : le chiffre noir fleuri est élevé au carré et passe devant.
39. **SARBACANE.**
40. **7.**

Calculez votre quotient intellectuel

Nombre de réponses justes	Quotient intellectuel
0 - 5	0 - 100
6 - 10	101 - 115
11 - 14	116 - 125
15 - 18	126 - 130
19 - 22	131 - 135
23 - 26	136 - 140
27 - 30	141 - 145
31 - 34	146 - 150

Solutions test de QI n°9

1. **16** : chaque horizontale reçoit un même nombre ; les nombres doublent à chaque ligne.
2. **RÂLER** : les lettres noires débutent le mot suivant.
3. **Le troisième** : chaque figure est l'inverse de celle qui lui est diamétralement opposée.
4. **DEUX (ième)** : nombre de lettres répétées.
5. **2.**
6. **1** : chaque carré reçoit 1, 2, 3, 4, décalés chaque fois d'un quart de tour.
7. **LA.**
8. **10.**
9. **9** : sur le pourtour, les nombres ont deux par deux pour somme le nombre central : 13.
10. **Le deuxième** : il commence par U et il a la même typographie que les précédents.
11. **Le premier** : chaque fois, deux symboles de la figure précédente sont alternés et deux symboles nouveaux sont introduits.
12. **8** : nombre de lettres.
13. **4.**
14. **6** : les nombres remplissent successivement les carrés sur les côtés nord, est, sud, ouest, sud, ouest, etc.
15. **SAC.**
16. **11.**
17. **27** : sur le pourtour, les nombres ont, deux à deux en se suivant, pour produit 54.
18. **ORIGINE** : chaque mot débute par les lettres blanches qui suivent les deux noires du précédent.

19. **Le deuxième** : chaque fois, un symbole reste tel quel à sa place, un autre prend une position opposée à celle qu'il occupait et deux nouveaux arrivent.

20. 1 : nombre de lettres communes entre le nom du jour et le nom du fruit.

21. **18.**

22. **7** : les carrés reçoivent l'un après l'autre (dans le sens des aiguilles d'une montre) et aux mêmes emplacements : 1-2-3-4, 3-4-5-6, 6-7-8-9,10-11-12-13. (D'une suite à l'autre, on fait se chevaucher deux nombres, un nombre et aucun.)

23. **TABAC.**

24. **18.**

25. **99** : en lisant ligne par ligne, les nombres successifs ont pour somme de chiffres 2, 4, 6, etc. Le dernier a pour somme 18, ce qui n'est possible qu'avec 99.

26. **ENCAN** : à chaque passage d'un mot au suivant, la lettre blanche vient en premier, la lettre pointillée en second et la lettre déliée en troisième.

27. **Le premier** : chaque fois quatre symboles sont choisis parmi cinq, dans l'ordre, sur le modèle :

ABCD
BCDE
CDEA
DEAB...

28. **CINQUIÈME** : nombre de lettres différentes.

29. **19.**

30. **7** : chaque carré est rempli en zigzag, suivant : une diagonale, un côté, une diagonale. Le remplissage commence chaque fois par un nombre plus élevé, sur un nouveau sommet.

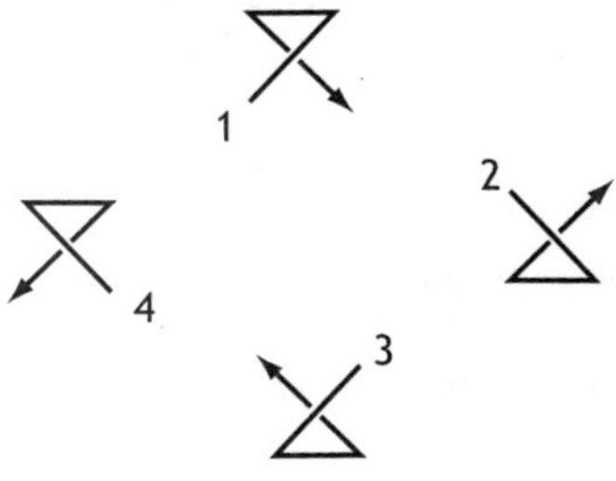

31. **FACE.**

32. **23.**

33. **33** : en descendant, à partir de la case du haut, chaque nombre s'ajoute à la case S.-E. en s'accroissant de 2 et à la case S.-O. en s'accroissant de 1.

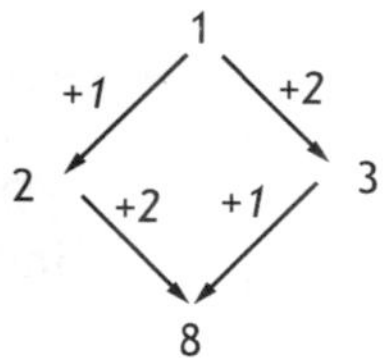

34. **Le premier RÂLER** : les lettres épaisses débutent le mot suivant ; mais il faut penser à la suite : si AER peut débuter un mot de cinq lettres, RLR et RLE ne le peuvent manifestement pas.

35. **Le premier** : à chaque nouvel ensemble un symbole reste fixe, les deux symboles suivants échangent leurs places et le quatrième est remplacé par un nouveau.

36. **4** : produit du nombre de voyelles par le nombre de consonnes.

37. **29.**

38. **9** : le remplissage part de 3 en N-O d'un premier carré, puis, systématiquement :
4 : N-E du second carré (en parcourant les carrés dans le sens des aiguilles d'une montre);
5 : S-E du troisième carré;
6 : S-O du quatrième carré;
7 : N-E du premier carré;
8 : S-E du second carré;
9 : S-O du troisième carré;
etc.

39. **SABBAT.**

40. **22.**

Calculez votre quotient intellectuel

Nombre de réponses justes	Quotient intellectuel
0 - 5	0 - 100
6 - 8	101 - 115
9 - 12	116 - 125
13 - 16	126 - 130
17 - 20	131 - 135
21 - 24	136 - 140
26 - 28	141 - 145
29 - 32	146 - 150

Solutions test de QI n°10

1. **Le premier** : les nombres augmentent chaque fois de 1, en alternant corde et noir.
2. **DÉFI.**
3. **Le troisième** : chaque groupe de triangles contient trois symboles identiques.
4. **OMNIBUS** : l'avant-dernière lettre de chaque mot est une voyelle : A, E, I, O, U...
5. **2.**

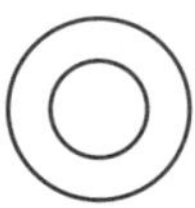

6. **1** : sur chaque carré, les nombres opposés sont égaux.
7. **LARCIN.**
8. **2.**
9. **7** : les nombres noirs augmentent de 2 et les blancs diminuent de 1. La couleur est là pour signaler quelle opération effectuer ensuite.
10. **ÉTUI.**
11. **Le premier** : chaque groupe de triangles porte les mêmes symboles, dans le même ordre, mais partant chaque fois d'une nouvelle base.
12. **DIAMANT** : les matières sont faites de cristaux.
13. **6.**

14. **Trois** : la suite 1-2-3-1-2-3... est écrite indéfiniment, ligne par ligne.
15. **INTERNAT.**
16. **8.**
17. **Le premier** : chaque nombre s'obtient en multipliant les nombres blancs, puis en insérant au milieu le nombre noir.
18. **KIMONO.**
19. **Le troisième** : chaque groupe porte deux symboles identiques et un symbole unique, celui-ci se situant chaque fois au tiers de tour suivant.
20. **PARQUET** : ces mots contiennent tous du bois.
21. **8.**

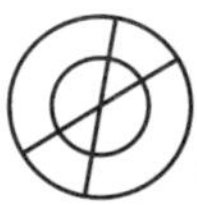

22. **7** : la suite infinie 1-3-5-7-9-1-3... est écrite colonne par colonne.
23. **HORMIS.**
24. **18.**
25. **41** : le grand chiffre s'ajoute au carré du petit chiffre, pour former le nombre suivant.
26. **OSMOSE.**
27. **Le second** : on tourne en rond sur trois symboles, sur une boucle de quatre ; ainsi, A, B, C, D, A donnerait : ABC - BCD - CDA,
on commence chaque fois sur une case différente.
28. **DIAMANT** : les matières sont de valeurs croissantes.
29. **8.**

30. **3** : sur chaque carré, la somme du côté gauche est égale à la moitié de celle du côté droit.
31. **GUÉRIDON.**
32. **10.**

33. **Le premier**, car à chaque étape :
- à l'emplacement où était la corde, vient le nombre précédemment écrit en blanc, augmenté de 1;
- à l'emplacement où était le blanc, vient le noir, plus 1;
- à l'emplacement du noir vient la corde, plus 1.

34. **COCORICO.**

35. **Le troisième** : en effet, sur l'exemple donné
le symbole en haut à gauche est toujours répété,
le symbole en haut à droite est parfois répété,
le symbole en bas n'est jamais répété.

36. **INVENTIF** : dans chaque mot, la deuxième lettre est un N, et l'avant-dernière lettre un I.

37. **11.**

38. **2** : sur chaque carré, le produit des nombres du côté gauche est égal à la moitié de celui du côté droit.

39. **ESPLANADE.**

40. **9.**

Calculez votre quotient intellectuel

Nombre de réponses justes	Quotient intellectuel
0 - 4	0 - 100
5 - 8	101 - 115
9 - 11	116 - 125
12 - 14	126 - 130
15 - 18	131 - 135
19 - 22	136 - 140
23 - 26	141 - 145
27 - 30	146 - 150

Solutions test de QI n° 11

1. **11** : les différences entre les nombres successifs sont 2, 4, 6, 8 et 10.
2. B.
3. **TRESORIER** et **TERRORISE.**
4. **11** : le cercle contient les nombres impairs de 7 à 19.
5. **7** : il y a autant d'unités pour chaque fleur que le nom de la fleur contient de lettres.
6. **C** : chaque ligne a une extrémité barrée en haut et à gauche.
7. **SI JAMAIS UNE FEMME ME FAIT MOURIR, CE SERA DE RIRE.**
8. **15** : au nombre 12, successivement, on ajoute 7 (= 19), on retranche 6 (= 6), on ajoute 5 (= 17), on retranche 4 (= 8), donc on doit ajouter 3 (= 15).
9. **2** : sur chaque alignement, la somme des nombres est égale à 17.
10. **16** : le nombre d'unités de chaque fleur correspond au rang de sa première lettre.
11. En échangeant le deuxième et le cinquième, on obtient **FEMUR, CANOE, BRUIT, MITES, POSER.**
12. **A** : le cercle est partagé en sept régions au lieu de six.
13. **NE COMPTER QUE SUR SOI-MEME ET ENCORE PAS BEAUCOUP.**
14. B.
15. C.
16. C.
17. **Le premier et le troisième** : on obtient **PRUDE, ISSUE, GRAIN, VOGUE** et **OPTER.**
18. **1** : le nombre d'unités de chaque fleur est indiqué par le rang de sa lettre la plus faible dans l'ordre alphabétique.

19. **2** : chaque grand cercle est le produit des petits cercles qui le touchent.
20. **C** : avant la superposition, la figure de gauche tourne d'un quart de tour vers la droite et la figure de droite d'un huitième de tour vers la gauche.
21. **A** : après avoir reconnu la similitude de forme, on peut vérifier que le nombre de points où les lignes internes aboutissent au pourtour est 6 en A, 7 en B et 8 en C.
22. **UN OISIF SEMBLE ENCORE PLUS OISIF QUAND IL EST DE HAUTE TAILLE.**
23. **A.**
24. **SI VOUS VOULEZ VIVRE LONGTEMPS, VIVEZ VIEUX.**
25. **Le premier et le quatrième cercle** : on obtient **GATEE, GLEBE, LIANE, PATER, IMPER.**
26. **B.**
27. **4** : chaque nombre est le produit des chiffres du nombre précédent.
28. **C.**
29. **O** : appliquons le carré de gauche sur le carré de droite. Chaque nombre de droite est soustrait de la somme des nombres de gauche qui le recouvrent. Par exemple : 8 + 4 - 7 = 5.
30. **La seconde** : **INDIGO.**
31. **7** : dans chaque carré de quatre cases, le nombre de deux chiffres est la somme des trois nombres de un chiffre.
32. **2** : il y a autant d'unités de chaque fleur que son nom contient de voyelles.
33. **A.**
34. **30** : chaque nombre appartenant à deux cercles est la moyenne des nombres du centre de ces deux ellipses.
35. **A.** Troisième ligne identique à la seconde, quatrième ligne : les figures de la première tournées de 180 degrés.
36. **35** : chaque nombre est la différence des deux précédents.
37. **O** : le nombre d'unités de chaque fleur est égal au nombre de ses consonnes moins le nombre de ses voyelles.
38. **A.**
39. **A.**
40. **LES TROIS QUARTS DES FOLIES NE SONT QUE DES SOTTISES.**

Calculez votre quotient intellectuel

Nombre de réponses justes	Quotient intellectuel
0 - 4	0 - 100
5 - 8	101 - 115
9 - 11	116 - 125
12 - 14	126 - 130
15 - 18	131 - 135
19 - 22	136 - 140
23 - 26	141 - 145
27 - 30	146 - 150

Solutions test de QI n° 12

1. **65**.
2. **B**. Les deux points tournent ensemble.
3. **23**. 2 consonnes, 3 voyelles.
4. **B**.
5. **MA** : tous les autres mots commencent par S.
6. **A** et **D**.
7. **T**. De deux en deux.
8. **C**. Tous les autres diffèrent de 13.
9. **42**. Multiples de 7.
10. **C**. Les trois points encadrent les triangles centraux.
11. **34**. 3 voyelles, 4 consonnes.
12. **A**.
13. **PARLAIT**. Les autres commencent et se terminent par deux lettres qui se suivent dans l'alphabet.
14. **B**. Le cube central est touché par une seule face.
15. **O** (K - 1, K + 2, K - 3, K + 4...).
16. **E**. Les autres ont pour produit 100.
17. **125** : chaque chiffre, indépendamment, progresse de 2.
18. **A**. Chaque partie de dominos perd un point, le 6 faisant suite au 0.
19. **2**, numéro de la première lettre dans l'ordre alphabétique.
20. **A**.
21. **FAIT**. les autres ont pour voyelles A, E, I, O, U.
22. **B**.
23. **C**. Les lettres FILLETTE s'inscrivent dans la figure.
24. **0** ou **00**. Chaque nombre est le produit des chiffres du précédent.

25. **A.** Dans les autres, les totaux de chaque chiffre qui composent les nombres se suivent.
26. **A.** Un point fait deux coins opposés, l'autre tourne.
27. **4.** Le numéro de la première lettre.
28. **C.**
29. **I** (= 1 - 2 + 3 - 4 + 5).
30. **E.** Un nombre moins 1, son double moins 1, son quadruple moins 1.
31. **DU.** Les autres sont des termes musicaux.
32. **A.**
33. **75 243.** Les mêmes chiffres dans l'ordre, mais commençant par 2, 3, 4, 5, 7.
34. **C.** Dans la suite des nombres premiers pouvant être écrits avec un domino : 11, 13, 23, 31, 41.
35. **B.**
36. **SANS.** Dans chaque mot, la dernière lettre suit la première.
37. **B.** Les autres comprennent un nombre et sa multiplication par 4,5.
38. **3.** Différence entre le nombre des voyelles et des consonnes.
39. **A.**
40. **W.** La deuxième lettre après chaque voyelle.

Calculez votre quotient intellectuel

Nombre de réponses justes	Quotient intellectuel
0 - 4	0 - 100
5 - 8	101 - 115
9 - 11	116 - 125
12 - 14	126 - 130
15 - 18	131 - 135
19 - 22	136 - 140
23 - 26	141 - 145
27 - 30	146 - 150

IMPRIMÉ EN ESPAGNE PAR LIBERDÚPLEX
Dépôt légal Édit. : 45656 - 05/2004
Édition : 01
LIBRAIRIE GÉNÉRALE FRANÇAISE - 43, quai de Grenelle - 75015 Paris.

ISBN : 2-253-13040-0

30/1770/4